영성미인교회

정일봉 원장의

영성미인교회

유어셀프, 새로운 운명을 위한 교회의 탄생

성형 전문의 목사
정일봉 지음

"성형외과 의사이자 목사의 성형 판도라"

의사와 AI 인공지능 ChatGPT의 대화로 정리한
진정한 미인의 탄생과 비밀을 푸는 새 교회의 출현

좋은땅

영성미인교회, 기도하는 여인 전용 교회

행복을 위한 기도
Prayer
for Lasting Happiness

행복과 평안
Serotonin 분비 기도

넘치는 즐거운 인생
Dopamine 분출 기도

사랑 넘치는 세상
Oxytocin 충만 기도

통증 없는 세상
Endorphin 충만 기도

깊고 달콤한 수면
Melatonin 수면 기도

인생을 위한 기도
Prayer
for a Blessed Life

질병과 암 치유
세포 치유 회복 기도

풍족한 삶
부자 파동 기도

관계를 위한 기도
Prayer for Healing and
Unity in Relationships

가족 건강과 행복
한 가족, 한 마음 기도

관계 회복
공감과 공명 기도

아름다움을 위한 기도
Prayer for Inner
and Outer Beauty

깨끗하고 고운 피부
Collagen 미인 기도

항노화 동안 미인
Botox 미인 기도

목차

영성미인교회 요약 · 11
시작하며 · 12
    하나님의 형상을 회복한 아름다운 얼굴 · 12
    당신이 '영성미인'입니다 · 13
    하나님이 보시기에 심히 아름다웠더라 · 15
    내면이 빛나는 세상이 진정한 부흥이다 · 17

1부 새로운 시대, 새로운 교회의 탄생

1장. 왜, 지금 '영성미인교회'인가? · 20
    시대의 변화와 불안한 인간 존재 · 20
    외모 중심 문화와 영성 결핍으로 인한 정체성 · 21
    신앙과 과학의 통합 필요성 · 23

2장. 성형외과 의사이자 목사로서의 소명 · 26
    외모와 영혼의 치유 사명 · 26
    영성과 과학의 융합을 향한 소명 · 28

2부 영성과 외모의 만남

3장. 영성의 의미들 · 32
- 영성의 정의, 요소, 부재 · 32
- 영성은 삶의 질과 어떻게 연결되는가? · 34
- 영성미인교회의 영성 · 38

4장. 늙지 않는 삶은 가능한가? · 41
- 노화의 원인: 세포, 감정, 영성 · 41
- 성경과 과학이 말하는 영원한 생명 · 44

5장. 영성과 아름다움의 관계 · 48
- 성형미인과 영성미인: 외적 아름다움을 넘어선 영혼의 미학 · 48
- 얼굴은 영혼의 거울 · 51
- 아름다움의 영성학: 외모, 표정, 기운 · 53
- 과학으로 설명하는 내면미 · 56
- 성경 속 아름다운 외모의 사례 · 59

6장. 항노화와 영성의 과학적 근거 · 62
- 스트레스와 노화: 뇌과학적 이해 · 62
- 기도·명상의 의학적·양자과학적 효과 · 65
- 감사와 사랑이 만드는 젊은 세포 · 68

7장. 성령과 미용: 내면의 빛이 얼굴로 흐를 때 · 73
- 성령의 임재가 얼굴에 미치는 의학적, 영적 영향 · 73

'영의 상태'와 '얼굴 인상'의 숨은 관계:
의학 · 뇌과학 · 양자물리학의 통찰 · 77
기도와 찬양이 피부와 표정에 미치는 긍정적 변화 · 80
성령의 열매와 얼굴 표정: 사랑, 기쁨, 평안의 인상학 · 84
안수와 호흡 기도를 통한 안면 에너지 회복 · 87

3부 영성미인교회의 정체성과 비전

8장. 영성미인교회의 창립 배경과 필요성 · 94
한국 사회의 노화 스트레스와 외모 불안 · 94
외모 지상주의 문화 속 영성의 부재 · 97
건강한 아름다움과 나만의 아름다움의 회복 · 99

9장. 영성미인교회의 핵심 가치와 정체성 · 102
통합적 영성: 말씀, 과학, 삶 · 102
美의 3요소: 건강미, 인격미, 영성미 · 105
'내면에서 빛나는 인생'의 실현 · 108

10장. 아름다울 美의 성경적 근거 · 111
'아름다움'과 '빛나는 얼굴'의 영성 · 111
하나님이 보시기에 심히 아름다웠더라 · 114
얼굴은 마음과 영혼의 거울 · 118

11장. 영성미인교회의 비전 · 122

늙지 않고 아름답게 사는 삶	·122
'몸·마음·영'의 조화와 치유	·126
성령과 과학의 만남을 통한 변화	·129

4부 영성과 과학의 통합: 이론적 토대

12장. 뇌과학과 영성: 생각, 감정, 믿음의 작용 ·136
    신경회로와 기도, 명상의 관계 ·136
    자아 인식과 뇌의 가소성 ·140

13장. 양자과학과 믿음의 에너지 ·144
    파동, 입자, 정보로서의 인간 ·144
    말씀의 선포와 현실 창조의 원리 ·147

14장. 분자생물학과 노화의 비밀 ·151
    세포 노화, 스트레스, 감사 호르몬 ·151
    기도와 긍정 감정이 신체에 미치는 영향 ·154

5부 영성미인교회의 실제

15장. 예배와 설교: 성경과 과학의 통합 선포 ·160
    성경적 메시지와 과학적 근거의 조화 ·160
    내면을 회복하는 말씀 ·163

아름다움을 회복하는 말씀 선포 · 166
성령 체험과 뇌 활성화의 관계 · 169

16장. 상담, 진단, 치유 프로그램 · 174
얼굴 표정으로 보는 내면 진단법 · 174
얼굴 표정 기반 내면 진단 테스트 · 177
얼굴 인상을 통한 영적 상태 진단 · 181
얼굴 인상 영성 진단표(Self, 상담자용) · 184
영성·외모·건강 통합 멘토링 · 187
성령 안수 + 뇌과학 기반 뇌파 회복 · 189
영성과학 기반 상담 및 안수 치유 · 192
미용상담 + 내면상담 통합 시스템 · 196

17장. 영성미인 실천 프로그램 · 201
30일 영성미인 선언문 · 201
감사 일기, 긍정 언어, 명상, 기도 습관 훈련 · 205
영성미인 통합 훈련 코스(피부, 식단, 뇌 훈련, 기도) · 209

18장. '영성미인' 사역자의 길 · 214
목회자, 상담자, 치유자의 통합 훈련 · 214
영성과학 사역자 아카데미 · 217

감사의 글 · 220

▮ 영성미인교회 요약

"영성미인교회"는 '영성과 외모', '영혼과 육체'의 조화를 추구하는 새로운 교회의 모델입니다.

"영성미인교회"는 기독교 영성과 의학, 뇌과학, 양자과학 등 21세기 영성과학의 통합적 처방으로 늙지 않고 건강하며 아름다운 외모로 살 수 있는 영혼과 외모와 육체의 개발과 실천을 깨우치는 교회로 외모지상주의 대한민국의 시대적 요청에 응답한 교회입니다.

시작하며

하나님의 형상을 회복한 아름다운 얼굴

인간은 하나님의 형상대로 지음 받았습니다. 그 형상은 단지 눈, 코, 입의 생김새가 아니라, 사랑하고, 느끼고, 소통하고, 창조하고, 빛나는 존재로 살아가는 내면의 본질입니다. <u>그러나 우리는 삶의 고난 속에서, 세상의 시선 속에서, 자기 부정과 비교, 외모 중심의 문화 속에서 눈에 보이는 얼굴 안에 녹아 있는 하나님 형상의 의미를 잊은 채 살아왔습니다.</u> 그래서 거울 속 자신을 사랑하지 못하고 증오하며, 자신의 외모는 물론 자신의 정체성까지도 세상 눈의 기준에 맞추어 자신을 비하하고 있습니다.

그러나 하나님은 여전히 말씀하십니다.

"너는 내 형상이다. 내가 너를 빚었고, 너는 나의 작품이며, 나의 기쁨이다."

『영성미인교회』는 그 잃어버린 하나님의 형상을 되찾기 위한 여정입니다. 항노화 미용이라는 외적인 회복은 물론, 하나님의 말씀과 영성, 과학과 뇌, 감사와 기도, 얼굴의 빛과 존재의 에너지로 다시 태어나는 삶이 바로 '영성미인의 길'입니다.

아름다움은 회복입니다.

회복은 자신을 인정하고, 자신을 축복하고, 하나님 안에서 본래의 얼굴을 찾는 것입니다.

영성미인의 삶은 매일 자신에게 말하는 것으로 시작됩니다.

"나는 하나님의 형상이다.
나는 내 얼굴을 사랑한다.
나는 내 존재를 축복한다."

이 선언이 쌓이면 얼굴이 달라집니다. 표정이 밝아지고, 눈빛에 평안이 깃들고, 미소에 생명이 살아납니다. 무거운 몸은 회복되고, 마음이 정화되며, 삶이 빛을 되찾습니다. 그리고 마침내, 그 얼굴을 통해 이웃과 세상이 회복되기 시작합니다.

<u>하나님의 형상을 회복한 삶은 단지 종교적인 경건을 넘어, 얼굴빛 하나로 세상에 사랑을 전파하고, 손끝 하나로 누군가를 위로하며, 말 한마디로 어두운 마음을 밝히는 능력 있는 삶입니다.</u>

이제 당신의 얼굴은 하나님의 얼굴을 담은 거룩한 거울입니다. 당신의 삶은 세상에 빛을 비추는 하나님의 등불입니다.

당신은 이 책의 마지막 장을 덮으면서 당신의 삶은 새로운 시작점에 섭니다.

당신이 '영성미인'입니다

우리는 이 책을 통해 항노화 미용을 위한 영성의 개발과 실천이라는 주제를 따라 '아름다움'의 새로운 차원을 경험할 것입니다. 외모 중심의 세상에서 우리는 아름다움의 기준을 다시 묻습니다. 진정한 아름다움이란 무엇인가? 젊음이란 무엇인가? 회복이란 어디서부터 시작되는가?

그 해답은 '존재'에 있습니다. 우리는 하나님께서 지으신 '존귀한 형상'이며, 그 얼굴은 단지 '생물학적 구조'가 아니라, '영혼의 거울'이며 말씀의 캔버스입니다. 그리고 그 거울 속 당신은 존재로서, 생명으로서, 영혼으로서 이미 충분히 아름답습니다.

영성미인은 단지 얼굴이 빛나는 사람이 아닙니다. 감사할 줄 아는 마음, 따뜻한 미소, 치유를 전하는 말, 기도하는 손, 사랑으로 드러나는 표정, 이 모든 것이 바로 '하나님의 아름다움'을 드러내는 얼굴이며 진정한 아름다움이며 바로 영성미인의 모습입니다.

영성미인은 나이가 들어도 빛나는 사람입니다. 주름이 생겨도 얼굴이 살아 있는 사람입니다. 외모보다 그 존재의 얼굴이 먼저 보이는 사람입니다. 세상이 제시하는 아름다움의 기준에 흔들리지 않고, 성령 안에서 자신의 존재를 기쁘게 받아들이는 사람입니다.

이제 당신은 이 책의 마지막 장을 덮으며 조용히 거울 앞에 설 수 있습니다. 그리고 이렇게 고백할 것입니다.

"나는 하나님 형상의 존재입니다."

"나는 내 얼굴을 사랑합니다."

"나는 영성으로 늙지 않는 미인입니다."

"나는 세상에 빛을 전하는 사람입니다."

당신은

이미 하나님 안에서 충분히 아름답고,

지금 이 순간도 회복되고 있으며,

앞으로 더 깊이 빛날 것입니다.

이제는 당신의 얼굴이 다른 누군가의 마음을 밝히는 빛이 될 것입니다. 이제 끝이 아니라, 시작입니다.

영성미인의 삶은 오늘부터, 당신의 얼굴에서 다시 시작합니다.

하나님이 보시기에 심히 아름다웠더라

구약성경 창세기 1장 31절에는 하나님께서 인간을 지으신 후 "보시기에 심히 좋았더라"고 하셨습니다. 이 '좋다'는 말은 단순한 기능이나 효율의 개념이 아니며 '아름답다', '선하다', '온전하다'는 의미를 내포합니다. 즉, 하나님께서 인간을 지으시고 그 존재 자체를 깊은 기쁨으로 바라보셨던 것입니다.

이 책 『영성미인교회』는 그 창조의 시선으로 오늘날 우리를 다시 바라보는 여정을 담고 있습니다. 나이 들어도, 흉터가 있어도, 주름이 생겨도 당신은 여전히 하나님의 형상이요, 하나님이 보시기에 "심히 아름다운" 존재입니다.

<u>세상은 외모를 세상의 눈으로 평가합니다.</u> 미디어는 왜곡된 아름

다움을 쏟아냅니다. 그러나 하나님은 당신의 존재, 내면의 중심을 보십니다. 당신의 눈빛 속 자비를, 이마의 주름 속 아픔의 기억을, 입가의 미소 안에서 당신의 착한 마음을 보십니다. 그리고 말씀하십니다.

"내가 너를 지었고, 너는 나의 걸작품이다. 너는 나의 영광이며, 나의 기쁨이다."

우리가 회복해야 할 아름다움은 단지 피부의 탄력이나 얼굴의 윤곽이 아닙니다. 그것은 존재의 고요함, 감정의 정화, 감사의 언어, 기도의 고백, 그리고 빛나는 얼굴로 하나님과 세상을 마주하는 영혼의 능력이며 이는 동시에 최고의 성형피부 시술입니다.

『영성미인교회』는 바로 영혼과 외모의 통합적 회복을 위한 공동체입니다. 말씀으로 나를 다시 해석하고, 과학으로 내 얼굴과 감정을 이해하며, 기도와 침묵을 통해 얼굴을 회복하는 길, 그것은 단지 개인의 변화가 아니라, 가정과 사회, 도시와 민족을 밝히는 '빛의 사역'입니다.

이제 거울 앞에 서십시오. 그리고 두 손을 들어 말씀하십시오.

"하나님이 나를 보시기에 심히 아름다웠더라."

이 고백은 단지 감정이 아닙니다. 이것은 당신 존재에 대한 진실이며, 성령의 선언입니다. 그 선언이 매일 아침의 시작이 되고, 기도의 깊이가 되고, 당신의 얼굴에 빛이 되어 삶 전체를 물들일 것입니다.

오늘도 당신은 하나님께서 지으신 아름다운 얼굴입니다.

"하나님이 보시기에, 심히 아름다웠더라."

내면이 빛나는 세상이 진정한 부흥이다

부흥이란 무엇일까요? 많은 사람들은 부흥을 교회의 수적인 성장, 사회적 영향력의 확대, 눈에 보이는 기적과 치유로 이해합니다. 그러나 성경이 말하는 진정한 부흥은 언제나 '회복'에서 시작됩니다. 그리고 그 회복은 단지 외적인 현상이나 감정의 흥분이 아닌, 한 사람의 존재와 내면이 살아나는 깊은 깨달음입니다.

이 책 『영성미인교회』는 단지 외모를 가꾸는 미용의 차원을 넘어서, 하나님의 형상을 회복하고, 내면이 빛나는 존재로 살아가기 위한 여정입니다. 우리는 알게 되었습니다. 진정한 항노화란 피부를 젊게 만드는 것보다, 감사하는 마음을 되찾는 것이며, 진짜 아름다움은 화장보다 침묵에서 시작된다는 사실을 말입니다.

얼굴은 내면의 거울입니다.

내가 어떤 마음을 품고, 어떤 말로 자신을 대하며, 어떤 시선으로 타인을 바라보는지가 그대로 얼굴에 드러납니다. 따라서 얼굴이 밝아진다는 것은 단지 미용의 결과가 아니라, 내면이 빛나기 시작했다는 신호입니다.

내면이 빛나는 사람은, 세상을 변화시킵니다.

그가 있는 가정은 평안해지고, 그가 섬기는 공동체는 따뜻해지며, 그가 전하는 말 한마디가 누군가의 어둠을 밝히는 불빛이 됩니다.

우리는 이제 부흥을 새롭게 정의해야 합니다.
더 많은 사람이 모이는 교회가 아니라, 더 많은 얼굴이 웃고 있는 교회. 더 웅장한 예배당이 아니라, 더 따뜻한 눈빛과 축복이 오가는 공동체. 더 많은 설교보다, 더 깊은 사랑과 회복이 일어나는 은혜.

그것이 바로 '내면이 빛나는 부흥'이며, 그 빛이 온 세상을 따뜻하게 하는 참된 하나님 나라의 시작입니다.

'영성미인'은 단지 아름다움만을 추구하는 이름이 아닙니다.

그들은 회복된 존재이며

기도로 마음을 씻고, 말씀으로 자존감을 회복하며, 사랑으로 세상을 축복하는 사람들입니다.

그리고 그 한 사람, 한 사람의 변화가 모일 때, 그 얼굴들의 빛들이 넘칠 때 세상은 진정한 부흥을 맞이합니다.

지금 이 순간, 이 책을 펴면서

당신의 내면이 조금이라도 더 따뜻해졌다면,

당신의 얼굴에 조금 더 미소가 머물렀다면,

그것이 바로 부흥의 시작입니다.

이제 우리가 해야 할 일은 단 하나입니다.

그 신비로운 에너지를 계속 품고, 전하며, 함께 살아가는 것입니다.

그러므로 나는 당신이 이 책을 덮으며 당신의 마음속에 이 선언이 울려 퍼지기를 바랍니다.

"내 안에 빛이 있다.
이 빛은 하나님의 형상이며, 사랑이며, 회복이며,
이 빛이 퍼지는 곳에 참된 부흥이 있다."

1부

새로운 시대, 새로운 교회의 탄생

1장

왜, 지금 '영성미인교회'인가?

시대의 변화와 불안한 인간 존재

21세기 인류는 그 어느 시대보다 풍요롭고 발전된 문명을 누리고 있다. 인공지능, 유전자 편집, 메타버스와 같은 과학기술의 비약적 발전은 인간의 삶을 편리하게 만들었고, 화려한 도시 문명은 끊임없이 새로움을 추구하게 만든다. 그러나 그 이면에 숨겨진 인간의 내면은 점점 더 불안하고 공허하기만 하다.

오늘날 현대인은 생존의 위협이 아니라 존재의 위기를 경험하고 있다. 우리는 더 오래 살게 되었지만, 삶의 의미는 더 쉽게 잃고 있다. SNS 속에서 완벽한 외모와 젊음, 성공을 마주할수록, 내 삶은 초라해 보이고, 내 외모는 늙고 보잘것없게 느껴진다. 비교와 경쟁 그리고 불안과 자존감의 하락은 얼굴에 나타나고, 몸의 병이 되며, 결국 영혼까지 피폐해진다.

특히 한국 사회는 '동안 외모'와 '완벽한 이미지'를 과도하게 추구하는 중독 성향이 강하다. 사람들은 점점 더 외적인 아름다움에 집착하면서 내면의 평안과 영혼의 안정은 관심이 없다. 수면장애, 불안장애, 우울증, 노화 공포증, 자기혐오… 이 모든 것은 단지 감정의 문제가 아니라, "존재의 위기"라는 영적인 본질을 드러내는 현상이다.

이처럼 외적 기술은 발전하지만 인간은 점점 더 병들어 가고 있으며, 삶의 본질적인 진짜 아름다움은 사라지고 있다. 인간은 단순히 세포와 장기로 구성된 생물학적 존재가 아니라, 영과 혼과 몸이 통합된 존재이다. 그러나 현대 사회는 영(靈)의 중요성을 상실하고, 육체와 물질에만 집중하는 방향으로 흘러가고 있다.

바로 이러한 시대의 배경 속에서 영성미인교회가 태어났다. 영성미인교회는 단순히 종교를 가르치는 교회가 아니라, "영혼이 건강하고 빛나는 삶"이 얼굴과 몸에 실제로 드러나도록 돕는 가치적 공동체이다. 늙지 않고, 병들지 않고, 기쁘고 평안하게 사는 삶은 단순한 미신이 아니라 성경과 과학이 함께 증명하는 새로운 실재다.

"시대는 불안하지만, 당신의 얼굴은 빛날 수 있습니다."

이것이 바로 이 시대에 "영성미인교회" 출현의 이유다.

외모 중심 문화와 영성 결핍으로 인한 정체성

지금 우리는 '외모가 곧 정체성'인 시대를 살고 있다. 개인의 가치가 인격이나 영혼의 빛보다, 얼굴 인상과 피부 상태로 평가받는 현실 속에서 많은 이들이 진정한 자아를 잃어 가고 있다. 외모 중심의 소비문화와 미디어 환경은 "잘생겨야 인정받고, 젊어야 사랑받는다"는 암묵적 기준을 만들어 내고, 사람들은 자신의 얼굴과 몸을 끊임없이 고치고 꾸미며 사회가 요구하는 '이상적 이미지'에 스스로를 맞추려고 애쓴다.

이러한 문화 속에서 우리는 점점 더 '자기 자신으로 존재하기'를 두려워한다. 거울 속의 모습이 마음에 들지 않으면, 정체감은 무너지고 자존감은 바닥을 치며 사람들은 자신의 참된 존재를 부정하며 '보여지는 자아'에 자신을 종속시킨다. 이로 인해 불안과 비교, 우울과 자기혐오가 증가하며 이는 단지 심리적 위기만이 아닌 정체성의 붕괴, 곧 '영성의 결핍'이라는 더 깊은 차원의 문제를 드러낸다.

인간은 단지 육체적 외모로 정의될 수 없는 존재다. 성경은 "하나님의 형상대로 지음 받았다"고 선언하며, 인간의 정체성은 본질적으로 영적인 존재임을 말해 준다. 그러나 오늘날 이 '영적인 자아'는 잊혀지고, '시각적 자아'가 우상이 되어 버렸다. 외모를 가꾸기 위해 여기저기 성형외과를 검색하고 눈을 고치며 얼굴형을 바꾸지만 마음과 영혼이 병들어 있으면 외모의 아름다움은 보이지 않을 것이다.

진정한 아름다움은 영혼에서 시작된다.
영혼이 평안하고, 마음이 감사와 기쁨으로 채워질 때 그 내면의 빛은 자연스럽게 얼굴에 드러나고, 그것이야말로 세상이 흉내 낼 수 없는 '영성미(靈性美)'이다. 이것은 성형이나 피부 시술, 화장품이 줄 수 없는 '존재의 아름다움' 자체이다.

이처럼 외모 중심의 세상 속에서 정체성을 회복하기 위하여 외모

주의를 비판하는 것은 아니다. 내면의 빛, 곧 성령으로부터 오는 참된 자아를 회복하고, 그것이 얼굴과 몸, 말과 행동으로 흘러나오게 하는 '영성의 회복'이 중요함을 말하는 것이다. 바로 여기에 '영성미인교회'의 사명이 있다.

영성미인교회는 말한다.

"하나님 안에서 당신이 가장 아름답습니다."

"당신은 온 우주와 자연 속에서 가장 아름다운 선물입니다."

신앙과 과학의 통합 필요성

오늘날 우리는 과학이 지배하는 시대를 살고 있다. DNA 유전자 편집, 뇌과학 기반 인공지능, 양자컴퓨터, 세포를 재생하는 줄기세포 기술 등 과학의 발전은 인간의 삶을 놀랍도록 개선하며 수명을 연장시켜 주고 있다. 그러나 이런 시대 속에서도 사람들은 여전히 몸과 마음은 병들고, 정체성을 잃으며, 외적인 아름다움에만 집착하면서 내면의 공허를 채우지 못하고 있다.

반면 종교와 신앙은 오랫동안 인간의 내면을 다루는 영역으로 기능해 왔다. 기도, 묵상, 찬양은 수천 년간 영혼을 치유하고 공동체를 회복하는 통로였고, 성경은 인간의 근본적 문제에 대해 놀라운 지혜를 제시해 왔다. 하지만 현대인들은 종교를 비과학적이거나 비현실적인 미신의 영역으로 치부하고, 신앙과 과학을 서로 대립되는 진영으로 오해하는 경우가 많다.

그러나 진리는 하나이며, 신앙과 과학은 결코 둘이 아니다. 오히려 오늘날의 뇌과학과 분자생물학, 양자물리학 등은 성경의 가르침이 얼마나 인간 본성과 우주의 구조를 정교하게 반영하는지를 증명하고 있다. 예를 들어, 기도가 실제로 뇌파를 안정시키고 면역세포를 활성화하며, 감사가 세로토닌과 도파민을 증가시켜 우울증을 개선하며 피부톤을 개선한다는 사실은 과학적 연구를 통해 이미 밝혀지고 있다. 또한 양자물리학은 말과 의도가 실제 에너지 파동으로 존재하며 현실에 영향을 미치는 기도 응답이 될 수 있음을 설명한다. 이는 곧 "말씀이 곧 생명이고 빛이며 현실을 창조한다"는 성경의 선포와 정확히 연결된다.

이제는 신앙이 과학을 배척해서도, 과학이 신앙을 배제해서도 안 되는 시대다. 인간은 영적 존재이며 동시에 생물학적 존재다. 이 두 차원을 동시에 통합할 수 있을 때 비로소 전인적 치유와 회복, 진정한 항노화와 아름다움의 비밀이 밝혀진다. 단순히 얼굴 주름을 없애는 것만으로는 노화가 멈추지 않으며 내면의 영성이 회복될 때 몸은 그것을 따라가며 빛을 발하기 시작한다.

영성미인교회는 바로 이 신앙과 과학의 통합을 기반으로 세워진 공동체이다. 하나님의 말씀과 현대 과학이 조화를 이루어 인간 존재의 회복과 아름다움을 완성시키는 새로운 패러다임의 교회이다. 우리는 기도와 예배, 명상과 실천, 신경과학과 말씀을 함께 연구하며, 늙지 않고 건강하며 아름답게 사는 삶을 실현하는 길을 제시한다.

오늘날 우리는 더 이상 신앙과 과학 중 하나만을 선택하는 어리석음에서 벗어나야 한다. 본인은 수십 년 동안 성형외과 클리닉을 운영하면서 많은 사람의 얼굴형을 바꾸고, 늘어진 피부를 절제하고, 피부 개선을 위하여 수많은 시술을 해 온 의사지만 단순한 외모의 시술만으로 진정한 미인이 될 수 없다는 진실을 지금도 진료 현장에서 수없이 실감한다. <u>영성과 외모의 개선, 이 둘이 통합될 때 인간은 가장 건강하고 온전하며 빛나는 존재로 회복된다.</u>

2장

성형외과 의사이자 목사로서의 소명

외모와 영혼의 치유 사명

나는 성형외과 의사이자 목사다. 겉으로 보기엔 전혀 다른 두 세계처럼 보이지만, 나에게는 이 두 정체성이 하나의 방향으로 향하고 있었다. 바로 "사람을 온전히 회복시키는 것" — 외적인 아름다움뿐 아니라 내면의 영혼까지도 건강하게 하는 통합적 치유가 나의 사명이며, '영성미인교회'는 그 사명의 결실이다.

성형외과 의사로서 나는 수많은 사람들의 얼굴을 마주해 왔다. 단순히 코를 세우고, 주름을 펴고, 턱선을 다듬는 기술을 넘어, 그들이 왜 그러한 외모의 변화를 원하는지, 그 속에 어떤 내면의 결핍과 상처가 있는지를 들여다보게 되었다. 놀랍게도 많은 이들은 단순히 외모를 바꾸고 싶은 것이 아니라, '자기 존재에 대한 회복'을 원하고 있었다. 인정받고 싶고, 사랑받고 싶고, 자신을 긍정하고 싶은 갈망이 얼굴에 투영되어 있었다.

나는 목회자로서 사람들을 상담할 때, 종종 그들의 얼굴에서 무너진 자아상과 지친 영혼을 보게 된다. 신념이 약하고 정체성을 잃은 영혼은 표정이 어둡고, 피부가 거칠며, 눈빛이 맑지 않다.

얼굴은 영혼의 거울이다. 하나님과의 관계가 회복되고, 자아를 사랑하게 될 때, 기적처럼 얼굴도 달라진다. 생기가 돌고, 미소가 살아나며, 자신감이 넘치고 빛이 얼굴에 머문다.

이러한 이중의 영혼과 육체의 경험은 나로 하여금 확신을 주었다.

"외모와 영혼은 결코 따로 분리된 것이 아니라
깊이 연결되어 있으며, 둘 중 어느 하나만 치유해서는
진정한 회복이 이루어질 수 없다."

그래서 나는 내 의술과 목회가 '하나'라는 것을 깨달았고, 이 둘을 통합한 사역을 실현하기 위해 '영성미인교회' 책을 쓰게 되었다.

오늘날 많은 이들이 외모 때문에 좌절하고, 또 어떤 이들은 자신의 신앙적 가치에도 불구하고 자신을 사랑하지 못한다. 얼굴을 고쳐도 마음의 병이 있으면 진정한 아름다움은 오지 않는다. 반대로, 내면이 회복되면 외모는 자연스럽게 따르게 된다. 이 두 축을 함께 다룰 수 있을 때, 인간은 비로소 온전한 존재로 살아갈 수 있다.

'영성미인교회'는 이러한 통합적 회복 사명을 실현하는 공간이다. 우리는 말씀과 기도, 상담과 예배뿐 아니라, 피부와 얼굴에 대한 의학과 첨단 과학적 이해, 뇌와 마음의 연결에 대한 지식, 그리고 성령의 능력을 함께 나눈다. 이는 단순히 '예뻐지는 교회'가 아니라, '영혼이 회복되어 빛나는 교회', '내면이 살아나 외면이 아름다워지는 교회'이다.

나는 믿는다.

"외모는 자존감의 입구이고,
자존감은 영혼을 향한 문이며,
영혼이 회복될 때 진짜 아름다움이 시작된다."

영성과 과학의 융합을 향한 소명

나는 의사목사로서 이 두 개의 정체성은 처음엔 서로 다른 세계처럼 보였지만, 오랜 시간 목회와 진료 현장을 경험하면서 나는 한 가지 분명한 진리를 깨닫게 되었다.

"인간은 단순한 물질이 아니기에
오직 과학만으로
완전한 회복은 불가능하다."

인간은 몸과 마음, 그리고 영혼이 함께 작동하는 존재이며, 진정한 치유는 세 가지 차원을 동시에 다룰 수 있을 때 일어난다.

성형외과 의사로서 나는 외모를 다루는 전문 영역에서 많은 환자들을 만난다. 그들의 주름, 피부, 얼굴의 균형과 표정, 노화의 정도 등을 세심하게 관찰하고 시술하며 그들이 더 아름다워지도록 돕는다. 하지만 내가 보게 된 것은 단순한 외형의 문제가 아니라 외모 너머에 존재하는 '자신에 대한 평가'와 '존재의 불안'이었다. 어떤 사람은 주름 하나로 세상을 잃은 것처럼 우울했고, 어떤 사람은 자신의 눈매 하나로 자신을 미워했다. 나는 깨달았다. 이들의 문제는 단지 얼굴 외모의 생김이나 노화의 문제가 아니라, 마음과 영혼의 문제이며, 이는 의술로만은 해결되지 않는다는 것을.

한편, 나는 목사로서 교회를 맡은 담임목사 사역의 기간은 매우 짧지만 늘 영혼을 치유하는 목회자의 마음으로 사람들의 내면을 돌보고 말씀과 기도로 그들의 영혼을 세우는 사역에 많은 관심을 가지고 살아왔다. 그런데 이 사역 역시 한계를 느꼈다. 말씀이 사람의 심령을 일깨우고 변화시키지만, 그 변화가 몸의 질병이나 외적 회복으로까지 이어지지 않을 때, 성도들은 다시 절망하고 좌절했다. 말씀과 기도가 실제 삶의 변화를 이끌어 내고, 얼굴에 생기와 웃음이 돌아오며, 육체가 젊어지고 회복되는 것을 나는 갈망했다.

의료와 목회의 두 현장을 오가며 나는 점점 더 확신하게 되었다.

> "과학과 영성은
> 결코 대립되는 것이 아니라, 서로를 보완하고
> 완성하는 하나다."

과학은 인간의 구조와 기능을 설명해 주지만, 인간 존재의 목적과 방향, 생명의 의미는 오직 영성만이 밝혀 줄 수 있다. 뇌과학은 기도와 명상이 뇌파를 안정시키고 호르몬을 변화시킨다고 말하고, 양자물리학은 말과 의도의 에너지가 현실을 바꿀 수 있음을 설명한다. 이는 성경이 오래전부터 선포해온 진리 — "말씀이 곧 생명이고 빛이며 육신이 되어 우리 가운데 오셨다"(요한복음 1장) — 와 정확히 연결된다.

이 깨달음은 내 인생의 방향을 바꾸었고, 그 결과로 태어난 것이 '영성미인교회'다. '영성미인교회'는 과학과 영성을 분리하지 않는다. 우리는 말씀과 기도를 선포하면서 동시에 신경과학과 분자생물학, 항노화 의학, 피부학, 감정심리학, 후성유전학을 함께 나눈다. 예배당에서는 성경이 선포되고, 상담실에서는 뇌와 얼굴의 연결을 설명하며, 기도회에서는 영의 에너지가 얼굴로 전달되는 것을 체험한다.

내가 꿈꾸는 교회는 이원론적 교회가 아니다. 영과 육, 과학과 신앙, 내면과 외면이 함께 치유되는 통합적 공간이다. 그것이 바로 "늙지 않고 아름답고 건강하게 사는 삶"의 실제적 해답이며, 현대인이 진정으로 갈망하는 교회의 모습이다.

나는 믿는다.

기도는 뇌를 고치고,

말씀은 유전자를 바꾸며,

성령은 얼굴을 빛나게 한다는 것을.

과학과 영성의 융합은 이 시대를 위한 하나님의 뜻이며,

나는 그 길을 걷는 '사명 받은 사람'이다.

2부

영성과 외모의 만남

3장

영성의 의미들

영성의 정의, 요소, 부재

1. 영성의 정의와 핵심 요소 5가지

"영성(靈性, Spirituality)"은 인간이 단순히 생물학적 존재를 넘어서 삶의 깊은 의미를 생각하며, 나와 타인, 나와 세계를 더 깊은 관계로 발전하며 자기를 초월하여 성장하는 정신적, 의식적, 존재론적 특성으로 5가지 핵심 요소는 다음과 같다.

1) **자기성찰 (Self-reflection)**: 자신의 감정, 욕망, 신념, 삶의 목적을 성찰하는 능력
2) **윤리적 삶 (Ethical Living)**: 사랑, 자비, 정의, 평화와 같은 가치들을 삶에 실천하려는 의지
3) **관계성 (Relationality)**: 자신과 타인, 자연, 우주, 신(또는 절대자)과의 깊은 관계 맺기
4) **초월성 (Transcendence)**: 현실과 일상을 넘어선 더 깊고 높은

존재나 의미에 대한 인식과 연결
5) **내면의 평화 (Inner Peace)**: 불안, 분노, 두려움 등을 초월하고, 내면의 고요와 안정에 도달하는 상태

2. 영성의 관점별 정의

관점	영성의 정의
철학적	인간 존재의 본질과 목적, 생명과 우주의 근원에 대한 탐구 및 자각
심리학적	자기초월(self-transcendence), 내면의 평화, 자아 성찰, 감정 통합을 통해 진정한 자기를 발견하는 과정
종교적	신(神), 성령, 절대자, 우주적 의식 등과의 관계 속에서 삶의 목적과 방향을 찾고 실천하는 신앙적 삶
보편적	순수, 감사, 용서, 사랑, 공감, 겸손 등 인간다움을 실천하고 내면과 타인, 자연, 우주와의 조화를 이루려는 태도
현대적, 과학적	에너지, 의식, 연결성 등으로 설명되는 인간 의식의 고차원적 차원. 뇌과학과 양자물리학에서도 주목받음

3. 영성 부재

영성이란 인간이 자신의 본질, 생명의 근원, 신의 존재, 타자와의 관계를 인식하는 인간 내면의 능력으로서 이것은 도덕성이나 종교적 행위가 아니다. 참된 영성은 "나는 누구인가?", "왜 사는가?", "어떻게 살아야 하는가?"에 대한 깊은 질문에 깨어 있는 상태이다.

영성의 부재는 다음과 같은 특징으로 나타난다.
- 자아 정체성의 상실로 의미 없는 생활
- 육체의 소욕을 따르는 자기중심, 물질중심주의
- 사람을 생명이 아닌 도구로 보는 인식

- 삶의 궁극적 방향과 가치에 대한 무관심

이런 영적 빈곤은 개인의 육체와 정신의 건강뿐 아니라, 사회 전반의 가치, 관계, 질서에 파괴적 영향을 미친다.

4. 대한민국 영성의 현주소

오늘 대한민국 사회는 겉으로는 부유하고 첨단화되었지만, 내면으로는 영성 부재로 병들어 있다.

- OECD 자살률 1위
- 초저출산, 건강수명과 기대수명의 격차
- 중독(알코올, 스마트폰, 게임, 마약 등)의 만연
- 갈등 사회: 진영, 세대, 계층, 지역, 젠더 간 증오
- 신뢰 붕괴: 가족, 종교, 교육, 언론, 정치 모두 신뢰 상실

이러한 사회 질병은 '영혼의 병'이기 때문에 제도나 법으로 고칠 수 없다.

영성은 삶의 질과 어떻게 연결되는가?

1. 영성은 삶의 본질과 닿아 있다

현대 사회는 기술의 발전과 물질적 풍요에도 불구하고 삶의 만족도, 정신 건강, 관계의 질, 존재의 의미 등 삶의 깊은 차원에서는 혼란을 겪고 있다. 단순한 생존을 넘어 '어떻게 살아야 하는가'에 대한 물음은 여전히 인간 존재의 중심에 있다. 이 질문에 답하는 핵심은

'영성(Spirituality)'이다. 영성은 종교와 구분되며, 삶의 질(Quality of Life)을 결정짓는 가장 깊은 기반이다.

2. 영성의 정의: 통합의 힘
- **의학적 시각**: WHO는 건강을 단지 신체적·정신적·사회적 안녕이 아니라, 영적 안녕(spiritual well-being)까지 포함하는 개념으로 확장했다.
- **뇌과학적 시각**: 영성적 체험은 전두엽, 측두엽, 변연계, 그리고 기본적인 자기 인식 기능과 깊은 관련이 있으며, 이는 감정 조절, 공감, 삶의 의미와 직결된다.
- **양자과학적 시각**: 양자장의 상호 연결성은 인간 존재가 분리된 개체가 아니라 '전체와 연결된 존재'임을 보여 준다. 이는 영적 자각의 과학적 기반이다.
- **성경적 시각**: 영성은 하나님과의 관계 속에서 자신의 존재를 이해하고, 이웃과 조화를 이루며 살아가는 능력이다(마22:37-39).

3. 삶의 질(Quality of Life)이란 무엇인가?
삶의 질은 단순한 경제적 지표가 아니라, 다음의 다차원적 요소를 포함한다.

영역	구성 요소
신체적	건강, 활력, 수면, 통증
심리적	정서적 안정감, 자존감, 스트레스 수준
사회적	관계 만족도, 공동체 소속감
영적	존재의 의미, 내적 평화, 초월적 연결감

▶ 삶의 질이 높다는 것은 삶에 의미와 연결감이 있으며, 자신과 타인, 우주와 조화롭게 관계 맺고 있음을 의미한다. 이것이 바로 영성의 작용 영역이다.

4. 영성이 삶의 질에 미치는 영향

1) 의학적 영향
- 영적 신념과 기도, 명상은 면역 기능 향상, 만성질환 개선, 수명 연장에 기여한다.
- 말기 환자나 암 환자에서 영적 평화가 통증, 불안, 우울을 현저히 낮춤이 수많은 연구로 입증되었다.

2) 뇌과학적 영향
- 영성적 실천(기도, 묵상)은 전두엽 활성화, 편도체 진정, 도파민/세로토닌 분비 증가를 유도하여 정서적 안정과 행복감 향상에 기여한다.
- 일관된 영성 실천은 자아통합과 자기초월 감각을 강화하여 자기효능감과 삶의 의미감을 고양시킨다.

3) 양자과학적 통찰
- 인간의 의식과 파동(에너지)은 관찰자 효과(observer effect)에 영향을 주며, 삶의 현실을 창조하는 능동적 존재로서의 인간을 설명한다.
- 영적 의식은 '전체성(wholeness)'과 '비국소성(non-locality)'의

인식을 통해 고립된 자아에서 벗어나 연결된 삶을 창조하는 관점이다.

4) 성경적 통찰
- 성경은 '생명'을 단지 육체의 생존이 아닌 '풍성한 삶'으로 정의한다(요 10:10). 이는 영혼의 평강, 관계의 회복, 창조주와의 연결 속에서 실현된다.
- "네 마음을 다하고 목숨을 다하고 뜻을 다하여 주 너의 하나님을 사랑하라"는 말씀은, 내면과 삶 전체를 아우르는 영적 통합의 삶을 의미한다.

5. 실제 적용: 삶 속에서 영성을 회복하는 길

실천영역	방법
의학적 생활습관	호흡 조절, 명상 기반 식이와 수면 습관, 영성 기반 상담 치료
뇌과학적 실천	감정 일기 쓰기, 자기 긍정 훈련, 정기적 묵상과 기도
양자적 의식 확장	"나는 빛이다", "우리는 연결되어 있다"는 의식 선언 훈련
성경적 실천	매일 말씀 묵상, 감사 기도, 공동체 예배와 섬김을 통한 영적 연결

6. 결론: 영성은 생명의 중심이자 삶의 질의 토대다

영성은 종교를 초월해 인간 존재의 본질적 중심이며, 생물학적 삶과 정신, 사회, 우주적 존재로서의 인간 삶을 조화롭게 통합한다. 진정한 삶의 질은 물질적 조건을 넘어선 영적 자각, 연결감, 평화와 의미 속에서만 완성된다.

영성미인교회의 영성

『영성미인교회』가 추구하는 영성은 단순히 종교적 틀에 국한된 기독교 영성만을 의미하지 않는다. 그것은 인간이라면 누구에게나 내재된 **"보편적 영성"**을 일차적 토대로 삼고, 그 위에 성경 말씀과 예수 그리스도의 사랑, 성령의 임재라는 기독교적 정수를 더하여 완성된 영성으로 나아가는 통합적, 포괄적 영성이다. 다시 말해, 『영성미인교회』의 영성은 모든 인류를 향한 하나님의 창조 원리를 바탕으로 시작되며, 그 위에 기독교의 복음 진리가 세워지는 구조이다.

1. 보편적 영성이란 무엇인가?

보편적 영성은 종교, 인종, 문화와 상관없이 모든 인간에게 공통적으로 내재된 영혼의 본질적인 속성으로서 다음과 같은 특징을 가진다.

- 생명에 대한 경외심
- 진리와 선함에 대한 갈망
- 사랑과 용서, 연민, 감사의 감정
- 나 아닌 타자와의 깊은 연결감
- 자연과 우주와의 조화로운 관계
- 삶의 의미와 존재 이유에 대한 질문

이는 성경 창세기 1장 27절에 나타난 "하나님의 형상대로 창조된 인간"이라는 말씀과 일맥상통한다. 인간 모두에게는 하나님 형상의 흔적, 즉 영적 감각과 도덕적 직관, 사랑이 주어졌다. 이는 종교를 갖지 않아도 존재하는 보편적 영성이다.

2. 기독교 영성은 어떻게 세워지는가?

기독교 영성은 보편적 영성 위에 세워지는 계시적 영성이다.

이는 인간의 내면에 있는 보편적 영성만으로는 해결할 수 없는 죄와 구원의 문제, 삶의 궁극적 목적에 대해 성경과 예수 그리스도를 통해 계시받고 회복되는 영성이다. 구체적으로 다음과 같은 내용을 포함한다.

- 예수 그리스도의 십자가와 부활을 통한 구원의 확신
- 성령의 내주와 인도하심에 의한 삶의 변화
- 말씀과 기도를 통한 하나님의 뜻에 대한 순종
- 교회 공동체를 통한 사랑과 섬김의 실천
- 하나님 나라를 향한 소망과 열망

이러한 기독교 영성은 보편적 영성을 비판하거나 배제하지 않고, 오히려 그 영성의 방향성과 깊이를 계시의 빛으로 완성시킨다.

3. 왜 보편적 영성이 먼저인가?

현대인들은 종교에 대한 거부감이나 종교적 상처로 인해 종교적 언어를 피하는 경우가 많다. 그러나 그들 안에도 여전히 영성은 존재한다.

『영성미인교회』는 누구든지 공감할 수 있는 보편적 영성의 언어로 영성을 회복하게 하며, 그 과정을 통해 기독교 복음의 생명력으로 연결한다.

4. 통합된 영성의 길

『영성미인교회』는 인간 모두에게 존재하는 보편적 영성을 존중하고 이를 출발점으로 삼는다.

<u>그러나 그 영성은 예수 그리스도의 복음 안에서 사랑으로 완성되고, 성령으로 생명을 얻으며, 하나님의 나라로 향하는 길이 된다.</u>

즉,『영성미인교회』가 추구하는 영성은 단순한 종교적 훈련이 아닌, "인류 전체의 내면에 뿌리내린 보편적 영성 위에 계시의 빛으로 기독교 영성을 건설하여, 늙지 않고 젊고 건강한 삶을 살아가는 영혼의 회복 여정"이다.

4장

늙지 않는 삶은 가능한가?

노화의 원인: 세포, 감정, 영성

우리는 나이가 들수록 주름이 생기고 피부가 처지며 에너지가 줄어드는 것을 당연하게 여긴다. 그러면 과연 '노화'는 피할 수 없는 자연의 법칙일까? 현대 과학과 영성의 관점에서 바라보면 노화는 단순히 시간의 흐름만으로 설명되지 않는다. 인간은 그 안에 세포적 원인, 감정적 원인, 그리고 영적 원인을 함께 지니고 있으며, 이 세 가지 요소가 서로 얽혀 늙음을 촉진하거나 지연시키는 방향으로 작용한다.

1. 세포 수준의 노화: 생물학적 시간

노화는 우선적으로 세포 차원에서 시작된다. 인간의 세포는 일정 횟수만큼 분열하고 난 후 더 이상 분열하지 않는데, 이를 '헤이플릭 한계'라 한다. 이 한계를 규정하는 핵심 요소는 텔로미어(telomere)

라는 DNA 말단 구조다. 텔로미어는 세포가 분열할 때마다 짧아지고, 일정 길이 이하로 줄어들면 세포는 분열을 멈추고 노화하거나 사멸하게 된다. 또한 활성산소(ROS)로 인한 산화 손상, 염증 반응, 세포 내 미토콘드리아 기능 저하 등도 노화를 촉진하는 주요 요인이다.

하지만 흥미롭게도, 식이 습관, 수면, 운동, 심리적 상태 등 후천적 요인을 조절함으로써 세포 노화를 상당 부분 지연시킬 수 있음이 밝혀졌다. 특히 명상, 감사, 기도, 사랑과 같은 긍정적 정서가 텔로미어를 보호하고, DNA 손상을 복구시키는 효소(텔로머라아제)를 활성화한다는 연구들이 이를 뒷받침한다.

2. 감정의 영향: 마음이 몸을 늙게 한다

감정은 몸의 노화를 결정짓는 또 하나의 큰 축이다. 지속적인 분노, 불안, 두려움, 슬픔과 같은 부정 감정은 자율신경계를 교란시키고, 만성 스트레스를 유발하며, 코르티솔과 아드레날린 같은 스트레스 호르몬을 과잉 분비시켜 면역기능을 저하시킨다. 이는 피부의 탄력을 떨어뜨리고, 체내 염증 반응을 유발하며, 노화를 가속화하는 결과를 낳는다.

반면, 감사, 기쁨, 사랑, 평안과 같은 긍정 감정은 뇌의 세로토닌, 도파민, 옥시토신 분비를 증가시켜 심신 안정과 재생을 촉진한다. 실제로 매일 10분씩의 감사 일기 작성, 찬양 듣기, 기도 명상을 실천한 사람들은 얼굴의 혈색이 밝아지고 주름이 줄어들며, 안색이 맑아진 연구와 사례들이 다수 보고되고 있다.

3. 영성의 결핍: 존재의 빛이 사라질 때

노화의 본질은 단지 물리적 손상이 아닌 '존재 에너지의 소진'이라 할 수 있다. 인간은 단지 육체의 덩어리가 아니라, 에너지적 존재이며 하나님의 형상으로 창조된 영적 피조물이다. 영성이 약해질수록 삶의 목적과 방향성이 흔들리고, 존재의 빛이 흐려지며, 그 빛의 소멸이 곧 육체의 노화와 쇠퇴로 이어진다.

성경은 모세가 120세에도 "눈이 흐리지 않고 기력이 쇠하지 않았다"고 말한다(신명기 34:7). 다윗은 늙어도 '기름 부으심'으로 날마다 새로워졌고, 바울은 "우리의 겉 사람은 낡아지나 속사람은 날로 새로워진다"고 고백했다(고린도후서 4:16). 이는 곧 영이 살아 있으면 육도 회복되고 자연노화도 지연된다는 진리를 보여 준다.

성령과의 교제, 말씀 묵상, 기도, 찬양과 감사는 인간의 내면에 생명의 에너지를 회복시키고, 뇌와 신경계를 안정시키며, 세포 수준의 생명력까지 복원시킨다. 영성이 회복될 때 얼굴은 빛나고, 눈은 맑아지며, 표정은 살아난다.

4. 결론

노화는 단순한 생물학적 시계가 아니라, 세포, 감정, 영혼의 통합적 상태를 반영하는 결과다. 따라서 항노화의 진정한 길은 세포를 보호하고, 감정을 다스리며, 영성을 회복하는 전인적 실천에 있다.

영성미인교회는 바로 이 길, '영성에서 시작되는 젊음과 아름다움'을 깨우치고 실현하는 통합치유 공동체이다.

늙지 않는 삶은 불가능한 신화가 아니라, 깨어 있는 영성과 실천을 통해 접근할 수 있는 새로운 현실이다.

성경과 과학이 말하는 영원한 생명

인간은 누구나 '늙지 않고 살고 싶다'는 본능적 소망을 가지고 있다. 이 소망은 단순한 생존 욕구를 넘어, 존재의 본질에 대한 갈망이자 '영원성'에 대한 내면의 외침이다. 성경은 이 인간의 갈망을 신비롭게 풀어내며, 현대 과학은 점점 그 진리를 실증하는 방향으로 나아가고 있다.

1. 성경이 말하는 '영원한 생명'의 원리

성경은 노화와 죽음이 원래 인간에게 예정된 것이 아니었음을 분명히 밝힌다. 창세기 1장에서 하나님은 인간을 자신의 형상대로 창조하시고 "심히 좋았다"고 만족하신다. <u>인간은 본래 '죽지 않는 존재', 곧 영원히 하나님과 교제하며 살아가는 존재로 지어졌다.</u> 그러나 창세기 3장에서 인간의 죄로 인해 생명의 흐름이 끊기고, 이후로 죽음과 늙음, 질병이 인류 가운데 들어오게 된다.

하지만 하나님의 계획은 끝나지 않았으며 성경은 인간이 다시금 '영원한 생명'으로 회복될 수 있음을 반복해서 말한다.

- "나는 부활이요 생명이니, 나를 믿는 자는 죽어도 살겠고, 살아서 나를 믿는 자는 영원히 죽지 아니하리라." (요한복음 11:25-26)
- "우리의 겉 사람은 낡아지나, 속사람은 날로 새로워진다." (고

린도후서 4:16)
- "그들의 얼굴이 기름으로 윤택하게 되며, 청춘이 독수리같이 새로워진다." (시편 103:5)

이처럼 성경의 영생(영원한 생명)은 단순히 육체적 무병장수를 넘어, 내면과 외면이 모두 하나님 안에서 소생하고 회복되는 상태를 의미한다.

<u>영생은 죽은 뒤 천국에서만 누리는 생명이 아니라, 이 땅에서도 '지금 여기에서' '성령 안에서' 누릴 수 있는 삶의 차원이다.</u>

2. 과학이 말하는 '늙지 않는 삶'의 가능성

현대 과학은 과거와 달리 "늙음은 피할 수 없는 자연 현상"이라는 패러다임에서 벗어나고 있다. 생물학과 유전학, 뇌과학, 양자물리학, 분자생물학 등 다양한 분야에서 '노화는 조절 가능한 생물학적 과정'이라는 새로운 통찰이 제시되고 있다.

- 노화의 주범으로 지목되던 텔로미어(세포 말단 DNA)의 길이는 명상, 감사, 긍정 정서, 기도 등을 통해 보존되거나 회복된다는 연구가 발표되고 있다.
- 줄기세포 기술과 유전자 리셋 기술(CRISPR, epigenetic reprogramming)은 세포의 생물학적 시계를 되돌릴 수 있는 가능성을 보여 준다.
- 양자물리학은 인간 의식이 에너지 파동이며, 의도(기도, 말씀, 선포)가 현실에 물리적 영향을 미친다는 사실을 설명하며 이는 "말씀이 육신이 되어"라는 성경의 선언과 깊이 맞닿아 있다.

- 감정과 신앙이 뇌의 시상하부-뇌하수체-부신축(HPA axis)에 미치는 영향은 건강과 노화의 방향을 결정짓는 핵심 요인임이 입증되고 있다.

요컨대, 과학은 노화를 단순한 운명이 아닌 환경과 믿음, 감정, 의도에 따라 조절될 수 있는 '상태'로 보고 있으며, 이는 성경이 오래전부터 선포해 온 '영원한 생명', '늙지 않는 삶'의 가능성과 조화된다.

3. '영원한 생명'은 실재하는 삶의 방식이다

늙지 않는 삶은 더 이상 신화나 종교적 은유가 아니며 과학이 입증하고, 신앙이 실현시키며, 영성이 유지시키는 실재하는 삶의 방식이다. 하나님의 말씀은 빛이고 생명이며, 이 말씀이 믿음으로 심령과 육체에 선포될 때, 뇌와 유전자, 세포와 호르몬은 실제로 반응하기 시작한다. 믿음은 생명을 회복시키는 실질적 에너지이며 파동이다.

영성미인교회는 바로 이 '영원한 생명'을 오늘의 삶 속에서 경험하게 하는 영성과학적 공동체로서 기도, 예배, 찬양, 명상, 긍정 언어, 감사 훈련, 안수와 말씀 선포는 모두 영원한 생명을 오늘의 현실 속에 실현하는 실제적 통로이다.

4. 결론

늙지 않는 삶은 가능한가?

성경은 "예"라고 말하고, 과학은 점점 그것에 가까이 가고 있다.

결국, 우리를 늙게 만드는 것은 시간 그 자체가 아니라 잃어버린 의미, 상한 감정, 꺼져 가는 영혼이다.

그리고 우리를 다시 젊게 만드는 것은
하나님의 말씀, 깨어난 영혼, 감사하는 심령이다.
<u>영성은 생명이며, 믿음은 젊음이고, 성령은 아름다움이다.</u>
'영성미인'이란, 바로 이 영원한 생명을 매일의 얼굴과 삶으로 살아내는 선택받은 사람이다.

5장

영성과 아름다움의 관계

성형미인과 영성미인:
외적 아름다움을 넘어선 영혼의 미학

1. 오늘날 우리는 외모지상주의의 시대를 살아가고 있다

아름다움은 곧 경쟁력이며, 자기 표현의 도구로서 외모를 가꾸는 일이 일상화되었다. 성형수술은 이제 선택이 아닌 생존전략으로 여겨지기도 한다. 그러나 과연 겉모습의 아름다움만으로 진정한 행복과 젊음을 유지할 수 있으며 원하는 성공을 쟁취할 수 있을까?

『영성미인교회』는 외적 아름다움을 넘어 '영적 미인'이라는 더 깊은 차원의 미를 추구한다. 그럼 성형미인과 영성미인의 본질적 차이를 의학적, 심리학적, 영성학적, 뇌과학적 관점에서 비교하며, 궁극적으로 추구해야 할 '영혼이 빛나는 미(美)'에 대해 조명한다.

2. 성형미인: 외모의 구조를 바꾸는 기술적 아름다움

   1) 정의: 성형미인이란, 성형수술이나 피부미용 시술을 통해 외모를 바꾸는 사람을 말한다. 눈, 코, 턱, 피부 등 얼굴의 구조와 조화를 개선함으로써 객관적으로 아름다운 얼굴을 만든다.

   2) 장점:
   - 즉각적이고 가시적인 변화를 제공함
   - 자존감 상승 및 사회적 자신감 회복
   - 직업적·사회적 경쟁력 강화

   3) 한계점:
   - **심리적 의존**: 외모에 대한 불안이 반복적으로 시술을 유도하게 되며 성형중독이 된다.
   - **정체성의 혼란**: 타인의 기준에 맞춘 얼굴이 자기다움(selfhood)을 가릴 수 있다.
   - **감정 에너지 차단**: 무표정한 근육, 경직된 표정은 마음의 표현을 제한하며 마음-얼굴의 에너지 차단
   - **노화의 회피**: 노화에 대한 두려움이 노화 촉진

3. 영성미인: 내면의 에너지와 연결된 전인적 아름다움

   1) 정의: 영성미인이란 기도, 침묵, 감사, 사랑, 용서 등 영성의 실천을 통해 영혼의 빛과 내면의 평화를 얼굴로 드러내는 사람이다.

2) 특징:
- 얼굴에 부드러운 생기와 따뜻한 인상이 흐름
- 에너지 순환이 자유로운 얼굴: 뇌-얼굴 연결이 건강하여 뇌파가 안정됨
- 표정에서 감사와 사랑의 진동수가 느껴짐
- 노화가 지연되고 주름도 품위있게 깊어짐

3) 의학적 설명:
- 감사와 긍정의 감정은 옥시토신, 세로토닌, 엔도르핀 등의 호르몬을 분비시켜 세포 재생과 피부 활력을 촉진함
- 뇌과학적으로는 영성 실천이 전두엽과 편도체를 안정시켜 표정 근육에 긍정적 영향을 줌
- 양자생물학적으로 고진동의 에너지 상태가 DNA 노화 속도를 늦춤

4. 비교표: 성형미인 vs 영성미인

구분	성형미인	영성미인
아름다움의 근원	외부의 구조적 변화	내부의 에너지, 믿음, 감정의 상태
유지 조건	반복적 시술, 관리	일상적 영성 실천(기도, 감사, 용서 등)
표정의 유연성	근육의 경직 가능	감정이 흐르는 살아 있는 표정
노화에 대한 태도	두려움과 회피	수용과 승화
심리 안정성	외모에 의존적 자존감	내면 기반 자존감
타인에 대한 인상	인공적 미의 감탄	진심이 전해지는 편안한 감동

5. 진정한 아름다움은 '빛나는 내면'

성형미인도 아름다울 수 있고, 영성미인도 아름답다. 그러나 오직 영성미인만이 늙지 않는 미를 가질 수 있다. 왜냐하면, 그들의 아름다움은 시간이 흐를수록 깊어지고, 세월을 담아내며 더욱 빛나기 때문이다.

얼굴은 영혼의 거울

우리는 흔히 얼굴을 외모의 중심이라고 생각한다. 그러나 얼굴은 단순히 뼈와 근육, 피부로 이루어진 구조적 요소 이상의 것이다. <u>얼굴은 단순히 '보이는 것'이 아니라 '비추는 것'이다.</u> 얼굴에는 감정이 드러나고, 생각이 흐르며, 무엇보다도 영혼의 상태가 반영된다. 그래서 얼굴은 단순한 외형이 아니라, 내면의 본질을 담아내는 '거울'이며 '영혼의 창'이다.

1. 성경이 말하는 얼굴과 영혼의 관계

성경은 얼굴을 통해 하나님의 임재와 사람의 내면을 자주 묘사한다.

"여호와는 그 얼굴을 네게 비추사 은혜 베푸시기를 원하며" (민수기 6:25)

"스데반의 얼굴은 천사의 얼굴 같더라" (사도행전 6:15)

"사람의 지혜는 그의 얼굴에 광채나게 하나니" (전도서 8:1)

이 구절들은 단순한 상징이 아니다. 하나님의 임재 가운데 있는 사람은 실제로 얼굴이 빛난다. 기쁨, 평안, 감사, 사랑이 넘치는 사람은 얼굴에서 그 영적인 상태가 드러나며 반대로 불안, 두려움, 미움, 원망이 가득한 사람은 얼굴이 굳고, 눈빛이 흐리고, 생기가 없다. 이는 얼굴이 단순한 물리적 형태가 아니라, '내면의 진동과 파동'을 반영하는 감지 장치임을 의미한다.

2. 과학이 보여 주는 얼굴과 내면의 연결

현대 과학도 이 사실을 뒷받침하고 있다. 심리학과 뇌과학은 감정이 얼굴의 표정근육에 직접적인 영향을 미친다는 점을 강조한다. 기쁨과 감사는 미소근(zygomaticus major)을 자극하고, 평온한 감정은 눈 밑의 근육을 부드럽게 만들며, 사랑과 공감은 얼굴 전체의 혈류를 활성화한다.

특히 자율신경계의 균형은 얼굴의 혈색, 탄력, 근육 긴장도에 영향을 주는데, 부정적 감정이 많아지면 교감신경계가 과활성화되어 얼굴이 굳고, 피부톤이 어두워지며, 주름이 깊어진다. 반대로 긍정적 감정, 기도, 명상은 부교감 신경을 활성화시켜 얼굴을 부드럽고 생기 있게 만들며, 실제로 안색이 밝아지고 표정이 온화해진다.

3. 영혼이 건강한 사람은 얼굴이 아름답다

영혼이 치유되고 영적으로 깨어 있는 사람은 얼굴에 특별한 빛이 나타나며 얼굴 피부의 윤기, 표정의 온화함, 눈빛의 투명함은 단지 화장품이나 시술로는 얻을 수 없는 깊은 차원의 아름다움이다. 이것을 '영성미(靈性美)'라고 부른다. 이는 하나님과 연결된 상태 곧 성령으로 충만한 상태에서만 나타나는 내면의 빛이며, 그 사람의 존재가 주는 내면의 얼굴이다.

진정한 아름다움은 결코 인위적인 대칭이나 비율에서 나오지 않으며 그것은 생명력에서 오고, 영혼의 평화에서 오며, 사랑과 기쁨의 파동에서 나온다. 그러므로 얼굴을 가꾸는 가장 깊은 방법은 영혼을 가꾸는 것이며, 영성을 회복하는 것이 가장 근본적인 미용시술이다.

4. 영성미인교회의 핵심 선포: "당신의 얼굴은 당신의 영혼을 말합니다"

영성미인교회는 "피부를 고치기 전에 마음을 만지고, 얼굴을 보기 전에 영혼을 본다"는 철학을 가지고 있다. 우리는 사람의 얼굴에 담긴 영적 신호를 민감하게 바라보고, 성경과 뇌과학, 상담과 기도를 통해 그 얼굴을 회복시켜 나간다. 영혼이 회복되면 얼굴은 자연히 따라오고, 그 얼굴은 또 다른 영혼을 감동시키는 통로가 된다. 영성을 받으면 성형피부 시술과 관리를 위한 시간과 비용은 절감될 것이다.

아름다움의 영성학: 외모, 표정, 기운

현대 사회는 '아름다움'을 외적인 기준으로 정의한다. 얼굴의 비율, 피부의 투명도, 체형의 균형 등이 미의 기준으로 작용하고, 대중은 이를 좇아 끊임없이 외모를 가꾸고 교정한다. 그러나 성경적 관점에서 바라본 진정한 아름다움은 단순한 외모를 넘어서 존재의 깊이, 곧 영성과 연결되며 영혼이 건강한 사람은 얼굴에서, 눈빛에서, 전체적인 분위기와 기운에서 특별한 아름다움을 발산한다. 이것이 바로 '영성의 아름다움'이다.

1. 외모: 구조가 아니라 의미

외모는 단지 타고난 유전적 구조가 아니라, 그 사람의 존재가 표현되는 통로다. 성경은 외모보다 내면을 중시하지만, 동시에 외모가 내면의 반영임을 분명히 한다. 다윗은 "아름답고 눈이 빼어나더라"(사무엘상 16:12)는 외모적 표현으로 소개되지만, 하나님은 "그의 중심을 보셨다"고 말한다. 즉, 외모가 아름다웠던 이유는 그의 영혼이 하나님의 마음에 합했기 때문이다.

외모는 사람에게 주어진 첫 번째 인상이며, 그 사람의 정체성과 태도를 비추는 거울이다. 긍정적인 자아상, 하나님의 형상으로 지음을 받았다는 확신, 나를 향한 하나님의 사랑을 믿는 신앙이 외모의 전체적 분위기를 형성하며 이런 믿음은 자세와 옷차림, 얼굴의 긴장도, 말투까지도 바꾸며, 조화를 이루는 아름다움을 드러낸다.

2. 표정: 감정의 얼굴, 영혼의 소리

표정은 내면의 상태가 얼굴 근육을 통해 밖으로 드러나는 언어다. 진실한 기쁨, 깊은 평화, 사랑과 용납의 마음은 누구나 감지할 수 있는 영적 기운을 만들어 낸다. 반대로 두려움, 분노, 불만, 자책이 지속되면 얼굴은 경직되고, 인상은 어두워진다.

성경은 "즐거운 마음은 얼굴을 빛나게 하되, 마음의 근심은 심령을 상하게 하느니라"(잠언 15:13)고 말한다. 과학 또한 긍정 감정이 뇌의 미소중추를 활성화시켜 얼굴의 근육을 이완시키고, 자연스러운 미소와 부드러운 눈빛을 유도함을 증명한다.

기도와 묵상, 찬양과 감사는 단지 마음의 평화를 주는 데 그치지 않고, 표정을 변화시키는 영적 학습이며 이는 실제로 '보이는 변화'로 나타난다. 기도하는 사람의 얼굴은 부드럽고, 사랑이 많은 사람은 인상이 따뜻하며, 감사가 넘치는 사람은 빛나는 눈을 가진다.

3. 기운: 분위기는 영혼의 에너지다

'기운'은 단순한 분위기 이상의 것이다. 사람에게는 말로 설명할 수 없는 에너지와 파장이 있으며 이것은 그 사람의 영적 상태를 반영한다. 우리가 누군가를 처음 만났을 때, 이유 없이 끌리거나 부담스러움을 느끼는 것도 바로 이 '기운' 때문이다.

성령 충만한 사람은 따뜻한 기운을 발산하며, 은혜가 있는 사람 곁에 있으면 편안함과 평안을 느끼게 된다. 반면 자기중심적이고 내면이 분열된 사람은 불안한 파장을 풍기며 그 기운은 상대방에게도 영향을 미친다.

'아름다움의 기운'은 단순히 꾸밈으로 생기지 않는다. 영혼이 정화되고, 자아가 성숙하며, 하나님의 임재 속에서 존재가 살아날 때, 그 사람은 말없이도 주위에 긍정적 에너지를 흘려보낸다. 이것이 진정한 아름다움이며, 하나님께서 우리 안에 회복시키시고자 하는 '존재의 빛'이다.

4. 결론: 영성이 곧 아름다움

아름다움은 외모의 구조가 아니라, 존재의 진동이며, 영혼의 상태다. 외모는 그릇이고, 표정은 그 안의 향기이며, 기운은 그것을 덮는 분위기이다. <u>진정한 아름다움은 성령이 임할 때 회복되며, 말씀을 믿고 감사하며 기도할 때 안에서부터 피어나기 시작한다.</u>

영성미인교회는 이 아름다움의 영성미학을 삶 속에 실현하는 교회다. 기도와 과학, 말씀과 미용이 함께 작동하여, 인간 존재의 깊은 아름다움을 회복하게 하는 통합적 공동체다.

하나님 안에 깊이 잠긴 자는 얼굴이 빛난다.

영혼이 살아 있는 자는 표정이 부드럽다.

하나님의 기운으로 숨 쉬는 자는 분위기가 따뜻하다. 그 사람이 바로 '영성미인'이다.

과학으로 설명하는 내면미

세상은 오랫동안 '겉모습'으로 사람을 평가해 왔다. 그러나 진정한 아름다움은 단지 얼굴의 비율이나 피부의 탄력에서 비롯되는 것이 아니다. <u>사람의 인상, 표정, 기운, 분위기, 말투, 심지어 걸음걸이까지를 포함하는 깊이 있는 아름다움, 바로 '내면미(內面美)'</u>는 오히려 과학적으로 설명 가능한 실제적 힘을 가지고 있다. 내면미는 단지 추상적 개념이 아니라, 뇌와 신경계, 호르몬, 세포, 에너지장(場)

에 기반한 실재하는 영향력이다.

1. 뇌과학: 생각이 얼굴을 만든다

현대 뇌과학은 인간의 사고와 감정이 뇌에서 신경회로를 통해 신체와 얼굴에 직접적인 영향을 준다는 것을 밝히고 있다. 긍정적인 생각, 감사, 믿음, 사랑 같은 감정은 뇌의 전전두엽과 측좌핵을 활성화시키고, 도파민·세로토닌·옥시토신 같은 행복 호르몬을 분비하게 한다. 이들은 자율신경계를 안정시키고 얼굴 근육을 부드럽게 하며, 혈류 순환을 촉진시켜 피부톤을 밝게 만들고 인상을 환하게 한다.

반대로, 부정적인 생각과 불안, 분노, 열등감은 편도체와 시상하부를 자극해 코르티솔(스트레스 호르몬)을 과도하게 분비시켜 피부의 염증 반응을 유발하고, 얼굴 근육을 긴장시키며, 미세주름을 만들고 인상을 어둡게 한다. 즉, 뇌의 상태는 얼굴에 그대로 드러난다. "마음이 얼굴을 만든다"는 말은 과학적으로도 사실이다.

2. 분자생물학: 기도와 감사가 세포를 회복시킨다

내면의 아름다움은 세포 수준에서도 관찰된다. 반복되는 긍정 감정과 기도, 명상, 감사는 세포 내 유전자의 발현에 영향을 준다. 2008년 엘리자베스 블랙번(노벨생리의학상 수상자)은 긍정 감정과 명상이 세포의 텔로미어 길이를 유지시켜 세포의 노화를 늦춘다는 사실을 밝혀냈다.

이러한 영적 실천은 항염증 유전자의 발현을 높이고, 스트레스 반응 유전자의 활동을 낮추며, 피부 재생에 필요한 단백질과 성장인자의 생성을 촉진한다. 즉, 내면의 평안과 기쁨은 피부, 장기, 면역세포, 뇌세포까지 실질적인 치유와 회복을 가져온다.

3. 양자물리학: 내면의 파동이 현실에 영향을 준다

양자물리학은 더 나아가 인간의 '의식'과 '의도'가 물리적 현실에 영향을 줄 수 있음을 보여 준다. 인간은 단순한 물질 덩어리가 아니라 파동이자 정보체로 존재하며 마음(의식)의 상태는 실제로 자신의 얼굴, 말투, 분위기, 환경에 실질적 영향을 끼친다. 특히 반복되는 언어적 선포(예: "나는 빛나는 존재다", "나는 사랑받는 사람이다")는 뇌의 뉴런 구조를 재형성하고, 무의식의 신념을 변화시켜 얼굴과 인상, 태도까지도 바꾸게 한다.

즉, 우리가 믿고 선포하는 '내면의 진동'은 얼굴에 흐르는 기운과 표정, 피부 컨디션까지 바꾼다는 것이다. 이것은 신비주의가 아니라, 현대 과학이 점점 더 입증하고 있는 실재이다.

4. 내면미는 훈련 가능하다

중요한 것은, 이러한 내면의 아름다움은 타고나는 것이 아니라 '영성과 과학에 기반하여 훈련될 수 있다'는 점이다. 내면미는 기도와 묵상, 말씀 선포, 감사 훈련, 긍정 언어, 정서 훈련, 성령 체험 등을 통해 체계적으로 개발될 수 있으며, 이는 뇌의 신경 가소성(neuroplasticity)과 세포 수준의 유전자 발현(epigenetics)에 직접 영향을 주어 가시적이고 측정 가능한 아름다움을 만들어 낸다.

5. 결론

과학은 이제 '아름다움은 내면에서 온다'는 진리를 수치와 데이터로 설명할 수 있게 되었다. 진실한 아름다움은 단지 얼굴형이 아니라, 그 사람의 에너지와 생명력, 평안과 기쁨, 성령의 임재가 얼마나 그 존재에 충만히 깃들어 있느냐에 달려 있다. 이러한 아름다움은 나이를 넘어서며, 세월을 이기고, 사람들의 마음을 감동시키는 빛으로 나타난다.

영성미인이란, 내면에서부터 생명이 흘러나와 얼굴에 드러나는 사람이다.

그의 피부는 빛나고, 눈빛은 살아 있으며, 말에는 생명이 있다. 그것이 바로 '과학으로 증명된 내면미'이다.

성경 속 아름다운 외모의 사례

하나님은 인간을 자신의 형상대로 창조하셨다(창세기 1:27). 이는 인간의 존재 자체가 본래부터 아름답고 존귀하다는 것을 의미한다. 성경에는 단순히 외적인 아름다움뿐 아니라, 그 외모 속에 깃든 영성, 내면의 기품, 하나님의 은총이 드러나는 인물들이 등장한다. 그들의 아름다움은 단지 타고난 외형이 아니라, 하나님과의 관계 속에서 빛나고, 사명과 영성 속에서 살아난 전인적 아름다움이었다.

1. 사라 - 나이를 초월한 아름다움

아브라함의 아내 사라는 창세기 12장과 20장에서 이방 왕들에게 "아름다운 여인"으로 주목받는다. 이는 단순한 피부와 얼굴의 미모가 아니라, 사라 안에 있는 믿음과 순종, 하나님과의 관계에서 비롯된 고요한 기품과 내면의 힘이 외모에 반영된 것이라 해석할 수 있다. 성경은 "오직 마음에 숨은 사람을 온유하고 안정한 심령의 썩지 아니할 것으로 하라 이는 하나님 앞에 값진 것이니라"(베드로전서 3:4)고 말한다. 사라는 바로 이 '영혼의 장식'을 지닌 여인이었다.

2. 요셉 - 용모와 준수함이 영성과 연결된 자

창세기 39장은 요셉을 "준수하고 용모가 아름다웠더라"(창 39:6)라고 기록한다. 그의 외모는 애굽 여주인의 유혹을 받을 만큼 매력적이었지만 그 유혹을 단호히 거절한다. 요셉의 외모는 타락을 위한 도구가 아니라, 하나님의 뜻에 순종하는 통로가 되었고, 그의 아름다움은 정결함과 인격, 지혜와 영성으로 더욱 빛났다.

3. 다윗 - 붉고 눈이 빼어나며 얼굴이 아름다웠다

사무엘상 16장 12절은 다윗을 "붉고 눈이 빼어나고 얼굴이 아름답다"고 묘사한다. 그는 어린 소년이었지만, 외모에 하나님의 은총이 깃들어 있었으며, "사람은 외모를 보거니와 여호와는 중심을 보시느니라"(삼상 16:7)는 구절은 그의 아름다움이 중심과 일치되었음을 보여 준다. 다윗은 시편에서 자신의 내면을 끊임없이 하나님 앞에 드러내고, 회개하고, 찬양하며 살았고, 이 내면의 진실함은 그의 얼굴과 눈빛에 그대로 드러났다.

4. 에스더 - 아름다움과 지혜, 용기의 조화

에스더는 "용모가 곱고 아리따운 여인"(에스더 2:7)으로 소개되며, 왕의 총애를 얻어 유다 민족 구원의 통로가 된다. 그녀의 아름다움은 단순한 미모가 아니라, 민족을 위한 희생과 기도, 금식, 결단 속에서 빛난 거룩한 용기의 외형이었다. 에스더는 자신의 외모를 하나님의 도구로 삼았고, 그 아름다움은 공동체의 생명을 살리는 하나님의 도구가 되었다.

5. 스데반 - 천사의 얼굴 같은 사람

신약성경의 사도행전 6장 15절은 스데반의 얼굴을 이렇게 기록한다. "공회 중에 앉은 사람들이 다 스데반을 주목하여 보니 그 얼굴이 천사의 얼굴과 같더라." 스데반은 당시의 어떤 화장이나 꾸밈도 없었지만, 성령 충만함과 진리의 확신, 천국의 영광을 바라보는 영성이 얼굴에 그대로 나타났다. 그의 얼굴은 내면의 충만한 빛과 평안, 사랑이 드러나는 하늘의 얼굴이었다.

6. 결론: 아름다움은 하나님의 임재에서 비롯된다

성경의 인물들은 단순한 외모의 미가 아니라, 영성과의 조화 속에서 아름다움을 드러낸 사람들이다. 그들의 얼굴은 믿음의 얼굴이었고, 그들의 눈빛은 기도의 눈빛이었으며, 그들의 분위기는 성령이 머무는 향기였다. 이것이 바로 '영성미(靈性美)'이며, '늙지 않고 아름답게 사는 삶의 본질'이다.

6장

항노화와 영성의 과학적 근거

스트레스와 노화: 뇌과학적 이해

"인간은 나이보다 먼저 마음으로 늙는다."

이 말은 단순한 감상이 아니라, 현대 뇌과학이 증명하는 과학적 사실이다. 노화는 단지 시간의 경과가 아니라, 반복되는 정서와 스트레스에 의해 가속화되는 생물학적 반응이며, 특히 그 시작점은 뇌에서 일어난다. 뇌는 인간의 감정, 사고, 스트레스 반응을 조절하는 중심이며, 그 작용은 전신에 영향을 미친다. 그러므로 항노화의 핵심은 뇌의 기능과 감정 관리, 곧 '내면의 평안'에 달려 있다.

1. 스트레스는 뇌를 공격한다: HPA 축의 과부하

스트레스는 뇌의 시상하부-뇌하수체-부신 축(HPA axis)을 자극한다. 이 축은 스트레스를 감지하고 신체적 반응을 조절하는 생물학적 경로다. 과도한 스트레스가 지속되면 이 축은 과도하게 활성화되어 코르티솔이라는 스트레스 호르몬이 만성적으로 분비된다.

코르티솔이 지속적으로 높아지면 다음과 같은 노화 반응이 발생한다.

- 피부 콜라겐 파괴 → 주름 증가, 탄력 저하
- 뇌 신경세포 손상 → 기억력 감퇴, 집중력 저하
- 면역 억제 → 감염·염증 증가
- 세포 산화와 염증 유전자 활성화 → 노화 촉진

이처럼 스트레스는 뇌를 통해 신체 전반의 노화 스위치를 켜는 결정적 요소이며, 얼굴에 나타나는 주름과 피부 변화도 그 결과의 일부일 뿐이다.

2. 감정은 신경회로를 만든다: 뇌의 '감정 인프라'

뇌는 감정에 따라 새로운 신경회로를 형성하며 이를 뇌의 신경가소성(neuroplasticity)이라고 한다. 부정적인 생각과 감정을 반복할수록 뇌는 불안·분노·자책 회로를 강화시키고, 이는 자동화된 반응으로 굳어지며 결국 얼굴의 인상, 말투, 자세까지 영향을 미친다. 이런 감정 습관은 뇌의 전두엽 기능을 약화시키고, 표정 근육을 긴장시키며, 혈류 순환을 방해해 얼굴에 어두운 그림자를 드리운다.

반대로 긍정적인 감정(감사, 기쁨, 믿음)은 뇌의 측좌핵(nucleus accumbens)과 전전두엽(prefrontal cortex)을 자극해 도파민, 세로토닌, 옥시토신을 분비하며 이 호르몬들은 행복감을 유도하고, 자율신경계를 안정시키며, 피부 혈류를 개선해 얼굴에 생기와 온화한 표정을 회복시킨다.

3. 스트레스를 줄이는 가장 강력한 해독제: 영성적 실천

기도, 말씀 묵상, 감사, 찬양, 호흡 명상 등 영성적 실천은 뇌의 생리학적 구조에 실제적인 영향을 미친다. 특히 다음과 같은 효과가 과학적으로 입증되고 있다.

- 규칙적인 기도와 명상 → 전전두엽 강화, 편도체 활동 감소 → 감정 안정
- 감사 훈련 → 세로토닌 분비 증가 → 기분 개선, 피부 활력 증가
- 말씀 선포와 찬양 → 뇌파 안정화 (알파파 증가), 스트레스 해소
- 안수기도나 축복 선포 → 신뢰 기반의 옥시토신 상승 → 면역력 및 피부 재생 촉진

이는 단순한 종교적 행위가 아니라, 뇌와 신체에 긍정적 생리반응을 유도하는 실질적인 항노화 전략이다.

4. 얼굴은 뇌의 감정 지문이다

뇌는 얼굴에 감정을 기록한다. 반복된 정서적 반응은 얼굴 근육의 습관을 만들고, 표정 주름의 방향을 결정하며, 인상을 구성한다. 뇌가 건강하고 평안할수록 얼굴은 부드러워지고, 밝아지며, 생기 있는 인상으로 빛이 난다. 이것이 바로 '늙지 않는 얼굴', 즉 '영성미인'의 비밀이다.

5. 결론: 노화는 뇌에서 시작되고, 회복은 영성에서 시작된다

스트레스는 뇌를 통해 노화를 유도하지만, 영성은 뇌를 통해 회복을 시작한다. 믿음, 기도, 감사, 말씀은 단지 위로가 아니라, 뇌를 훈련시키는 '생명력의 도구'이며, 이는 곧 세포와 피부, 장기와 호르몬에까지 영향을 미친다.

늙지 않는 삶은 뇌의 방향을 바꾸는 데서 시작된다. 그리고 그 뇌를 가장 근본적으로 치유하는 길이 바로 '영성의 회복'이다.

영성미인교회는 바로 그 회복의 과학적 길을 안내하는 통로다.

기도 · 명상의 의학적 · 양자과학적 효과

현대 의학은 노화를 단순히 나이의 문제가 아닌, 세포 수준의 퇴화와 면역력 저하, 감정 스트레스의 누적이라는 총체적 생리현상으로 이해한다. 특히 피부 노화는 외적인 환경(자외선, 중력, 공해 등)뿐 아니라, 내적인 환경인 호르몬 변화, 스트레스, 면역력 저하와 밀접하게 연결되어 있다. 놀랍게도 기도와 명상은 이 내적 환경을 조절하는 데 있어 매우 강력한 도구로 작용하며, 이는 이미 뇌과학과 면역생리학, 피부학의 연구들을 통해 과학적으로 입증되고 있다.

1. 기도와 명상이 피부에 미치는 영향

기도와 명상은 뇌의 전두엽과 측좌핵을 활성화시키며, 자율신경계의 균형을 잡아 주는 '부교감 신경'을 자극한다. 이로 인해 심박수

와 호흡이 안정되고, 혈류가 개선되어 말초 혈관과 피부조직에 산소와 영양소가 원활히 공급된다. 결과적으로 다음과 같은 피부 변화가 나타난다.

- 피부 온도 상승과 모세혈관 확장 → 안색 개선, 혈색 회복
- 스트레스 호르몬(코르티솔) 감소 → 피부 염증 반응 억제
- 성장호르몬, DHEA(노화 억제 호르몬) 분비 촉진 → 피부 재생 활성화
- 표정근의 긴장 해소 → 깊은 주름 완화, 부드러운 인상 회복

특히 '감사 기도'와 '축복 명상'은 피부 진피층의 콜라겐 생성을 자극하고, 항산화 물질(예: 글루타치온, SOD 등)의 생성을 촉진하여 피부 노화의 주범인 활성산소를 중화시킨다.

2. 기도와 명상이 면역력에 미치는 영향

피부는 인체의 가장 큰 면역기관이다. 외부 병원균과 자극으로부터 신체를 보호하는 1차 방어막이며, 이 피부 면역의 기저에는 전신의 면역계가 작동하고 있다. 기도와 명상은 특히 면역계를 구성하는 NK 세포, T 세포, 인터루킨 등의 활동을 조절함으로써 다음과 같은 효과를 가져온다.

- NK세포(자연살해세포) 활성화 → 암세포 및 바이러스 감시 기능 향상
- 면역항체(IgA, IgG 등) 증가 → 감염 예방 및 회복력 증진
- 인터루킨-10, TGF-β 분비 촉진 → 염증 억제, 자가면역 조절

- 염증성 사이토카인 감소 (예: IL-6, TNF-α) → 피부 트러블 및 면역 과잉 억제

이는 단순한 이론이 아닌, 실제 임상실험에서도 확인되었다. 하루 15분간의 기도 또는 명상 훈련을 8주간 지속한 실험에서 피부 트러블이 현저히 줄고, 알러지 반응이 감소했으며, 피부 재생 속도가 빨라진 사례들이 다수 보고되었다.

3. 기도와 명상은 '호르몬 균형'의 열쇠

기도와 명상은 내분비계 전체의 균형을 맞추는 데에도 탁월하다. 특히 다음과 같은 호르몬 변화가 피부와 면역에 긍정적 영향을 미친다.

- 멜라토닌(수면 호르몬) → 피부 재생 촉진, 항산화
- 세로토닌(행복 호르몬) → 피부 혈류 개선, 긍정 표정 유도
- 옥시토신(사랑 호르몬) → 진정 효과, 염증 완화
- DHEA(청춘 호르몬) → 노화 억제, 콜라겐 생성 촉진

기도는 단지 영혼의 안정을 넘어서, 호르몬 균형을 통해 신체 전체를 젊게 하고, 피부와 면역력 모두를 동시에 치유하는 '천국 처방'이다.

4. 말씀 명상과 '에너지 진동'의 회복

양자 과학적 관점에서 보면, 인간의 말과 의식은 실제 파동이며 세포에 영향을 미친다. 말씀을 묵상하거나 소리 내어 선포하는 행위는 뇌의 언어중추와 감정 회로를 자극하며, 특정 진동 에너지를 세포에

전달한다. 예를 들어 "나는 하나님의 형상으로 지음받은 아름다운 존재입니다"라는 말씀을 매일 선포하는 사람은 실제로 뇌파와 혈압, 스트레스 수치에서 긍정적인 변화를 보인다.

5. 결론: 피부와 면역은 '기도하는 영혼'의 얼굴에 반응한다

피부는 내면의 거울이며, 면역은 영혼의 기초 체력이다. 기도와 명상은 이 두 축을 동시에 회복시켜 우리를 더 젊고, 건강하고, 아름답게 만든다. 영성은 단지 신앙의 개념이 아니라, 뇌와 세포와 피부에 실질적으로 작용하는 '생명 에너지'이며, 항노화의 본질이다.

영성미인교회는 말씀과 과학이 만나는 그 자리에서, 기도와 명상이 피부와 면역을 바꾸는 기적을 일상화시키는 공동체다. 이것은 신비가 아니라, 회복의 과학이며 당신이 기도하는 그 순간, 당신의 얼굴과 면역은 동시에 젊어지고 있다.

감사와 사랑이 만드는 젊은 세포

세포는 단지 생물학적 단위가 아니라, 감정과 의식, 에너지에 반응하는 살아 있는 존재다. 인간의 몸을 이루는 수십조 개의 세포는 끊임없이 소통하고, 정보를 교환하며, 환경의 신호에 민감하게 반응한다. 그리고 그 환경에는 단순한 물리적 조건뿐 아니라, 정서적·영적 분위기 또한 포함된다. 감사와 사랑은 인간 세포에 가장 건강하고 강력한 신호이며, 실제로 세포를 더 젊고 생기 있게 만든다는 사

실이 현대 과학에 의해 점차 밝혀지고 있다.

1. 감사는 세포의 '젊음 스위치'를 켠다

감사는 단순한 감정이 아니라, 뇌와 신체 전체에 긍정적인 생리적 변화를 유도하는 고차원적인 생명 반응이다. 뇌과학적으로 감사는 전전두엽과 측좌핵을 활성화시켜 도파민과 세로토닌을 분비시키며, 이는 곧 자율신경계를 안정화하고 심박수, 혈압, 호흡을 안정시킨다.

더 나아가, 감사는 다음과 같은 세포 수준의 효과를 유도한다.

- **텔로미어 길이 유지**:

텔로미어는 세포가 분열할 수 있는 한계를 결정짓는 DNA 말단 구조이다. 연구에 따르면, 규칙적인 감사 일기 쓰기, 기도, 긍정 명상은 텔로미어 길이 감소를 늦추며, 텔로머라아제(복원 효소)의 활성도를 증가시킨다. 이는 곧 세포 수명을 연장시키고, 노화를 지연시킨다는 뜻이다.

- **염증 유전자 억제**:

감사는 NF-κB 경로를 억제하여 염증성 사이토카인의 분비를 줄이고, 세포 내 염증 반응을 완화시킨다. 염증은 모든 노화의 뿌리이며, 염증이 적을수록 피부, 혈관, 장기, 뇌세포 모두가 젊고 건강하게 유지된다.

- **항산화 능력 향상**:

감정 상태는 세포 내 항산화 효소(SOD, GPx 등)의 생성에도 영향을 미치며 감사는 산화 스트레스를 줄이고, 세포막 손상을 방지하며, 세포가 더 오래 유지될 수 있도록 돕는다.

2. 사랑은 세포의 회복과 재생을 자극한다

사랑은 생명을 낳고, 살리고, 회복시키는 가장 강력한 에너지이며 인간이 사랑을 느끼거나 타인에게 사랑을 표현할 때 뇌에서는 옥시토신이라는 '사랑 호르몬'이 분비된다. 이 호르몬은 단순한 감정적 연결을 넘어서 다음과 같은 항노화 효과를 가진다.

- **피부 재생 촉진**:

옥시토신은 피부 줄기세포의 재생을 자극하고, 콜라겐과 엘라스틴 합성을 도우며, 상처 치유 속도를 높이고 피부의 탄력과 윤기를 회복시킨다.

- **면역력 향상**:

사랑의 감정은 NK세포 활성도를 증가시키고, 감염 방어 및 종양 감시 능력을 향상시키며 면역 균형을 조절하여 자가면역질환의 위험을 낮추는 데에도 기여한다.

- **심혈관 기능 개선**:

사랑은 부교감신경계를 자극해 심박수와 혈압을 낮추고, 전신의 혈류를 원활하게 하여 세포 대사를 활성화시키며 피부와 장기의 산소 공급을 도와 젊고 건강한 상태를 유지하게 한다.

3. 감사와 사랑은 세포의 언어다

세포는 우리가 무엇을 느끼는지를 알 수 있도록 세포막에 외부 신호를 감지하는 수용체들이 있고, 이 수용체는 호르몬뿐 아니라 신경 전달물질, 전자기파, 진동 에너지에 반응한다. 사랑과 감사는 뇌에서 파동(전기진동)으로 전환되어 신체 전반에 전달되며, 각 세포의 유전자 발현을 조절하고, 세포 간 의사소통(신호전달)을 긍정적으로 전환시킨다.

이러한 작용은 양자생물학적으로도 설명된다. 감사와 사랑의 감정은 높은 진동수를 가지며 세포 내 에너지장의 질서를 회복시키고 정보 전달의 흐름을 안정화시키며 세포는 혼란이 줄고, 정확한 재생과 복제가 가능해지고 노화는 늦춰지고 생명력은 유지된다.

4. 말씀과 기도로 감사를 습관화하라

감사와 사랑은 감정이 아니라 '결정'이며, 훈련 가능한 '영적 근육'이다. 매일 아침 말씀을 선포하며 감사 기도를 드리고, 하루 중 자주 '나는 하나님의 사랑받는 자녀입니다', '감사합니다, 하나님'이라고 고백하는 것은 실제로 세포의 생리적 리듬을 바꾸는 강력한 항노화 실천이다.

"항상 기뻐하라, 쉬지 말고 기도하라, 범사에 감사하라."(데살로니가전서 5:16-18)

이 말씀은 단지 신앙의 도덕이 아니라, 생명과 젊음을 지키는 과학적 명령이기도 하다.

5. 결론: 사랑과 감사는 가장 강력한 안티에이징 에너지다

영성은 세포를 움직인다. 감사는 텔로미어를 보존하고, 사랑은 면역을 회복시키며, 둘은 함께 피부와 장기, 마음과 뇌를 젊게 만든다. 항노화는 고가의 시술만이 아니라, 매일의 '감사하는 자세', '사랑을 표현하는 삶'에서 시작된다.

영성미인교회는 이 영적 실천을 통해 아름다움과 젊음을 회복하는 공동체다.

젊어지고 싶으면 감사하라.

빛나고 싶으면 사랑하라.

하나님은 당신의 영혼뿐 아니라 세포 하나하나까지 회복하신다.

7장

성령과 미용: 내면의 빛이 얼굴로 흐를 때

성령의 임재가 얼굴에 미치는 의학적, 영적 영향

"그 얼굴이 천사의 얼굴과 같더라."
— 사도행전 6:15

성경은 종종 사람의 얼굴을 통해 그의 내면 상태, 곧 영적 상태를 드러낸다. 얼굴은 단지 인체의 한 기관이 아니라, 마음과 정신, 영혼의 상태가 실시간으로 반영되는 '생명의 창'이다. 특히 성령의 임재가 임한 사람의 얼굴에는 특별한 빛을 발하며, 평소와 다른 분위기, 표정, 생기가 드러난다. 이 현상은 단지 종교적 상징이 아니라, 의학적·심리학적·뇌과학적 관찰을 통해서도 설명 가능한 실재이며, 신앙의 깊이가 신체와 외모에 어떻게 영향을 미치는지를 보여 준다.

1. 성경적 증거: 임재의 얼굴

성경에는 성령의 임재로 인해 얼굴이 변화한 인물들이 여러 번 등장한다.
- **모세**: 시내산에서 하나님을 만난 후 "그 얼굴 피부에 광채가 나더라"(출애굽기 34:29).
- **스데반**: 순교 직전 "그 얼굴이 천사의 얼굴 같더라"(사도행전 6:15).
- **예수님**: 변화산에서 "그 얼굴이 해같이 빛나며 옷이 빛과 같이 희어졌다"(마태복음 17:2).

이들은 모두 하나님과 깊이 교통한 후 외모에서 뚜렷한 변화가 나타났다. 그 빛은 인위적인 꾸밈이 아닌 '임재의 결과'였다. 이는 성령이 인간의 영뿐 아니라 육체, 곧 얼굴과 외모에도 실제 영향을 미친다는 강력한 증거다.

2. 의학적·뇌과학적 이해: 성령 체험과 신경계 반응

성령의 임재는 뇌의 특정 부위를 활성화 시킨다. 특히 기도나 찬양, 말씀 묵상 중 경험하는 성령의 충만함은 다음과 같은 생리학적 변화를 유도한다.
- 전전두엽과 측두엽의 동시 활성화 → 평안, 통찰, 감정 조절
- 편도체 진정 → 불안, 공포, 분노 감소
- 부교감신경 자극 → 심박수 감소, 근육 이완, 혈류 개선
- 도파민·세로토닌·옥시토신 분비 → 기쁨, 안정, 사랑의 감정 유도

이러한 반응은 얼굴 표정과 근육에 직접 작용하여 다음과 같은 미용적 변화를 초래한다.

- 안색 밝아짐: 혈류 증가로 인해 피부에 생기와 윤기 회복
- 표정 부드러움: 눈가·입가 근육의 이완으로 미소와 온화한 인상 형성
- 주름 완화: 긴장으로 인한 미세 주름 감소
- 얼굴 대칭 개선: 뇌의 균형 활성화가 얼굴 좌우 밸런스에 긍정적 영향

즉, 성령의 임재는 뇌를 통해 자율신경계와 호르몬계를 조절하며, 이는 곧 얼굴의 외형과 분위기에 실질적인 변화를 만든다.

3. 에너지와 기운의 흐름: 얼굴로 흐르는 임재의 빛

양자생물학과 에너지 의학에 따르면, 인간은 물질인 동시에 파동이자 에너지체다. 성령의 임재는 곧 하나님의 생명 에너지(Holy Breath)의 유입이며, 이는 몸의 에너지장에 진동을 주고 그 중심인 얼굴과 심장에 특별한 반응을 일으킨다.

- 안면 에너지장 정화: 부정적 감정이 저장된 경직된 부위가 이완됨
- 얼굴 중심부(눈, 미간, 입 주변)의 기혈 흐름 회복 → 인상 밝아짐
- 말(선포)의 파동과 함께 얼굴 주변의 '빛장'(aura)이 강화됨

이러한 변화는 종종 타인이 느끼는 "그 사람은 얼굴이 환하다", "얼

굴이 빛난다"는 주관적 표현으로 나타나지만, 실제로는 뇌파・심박변이・피부 전도도 등으로 측정 가능한 변화들이다.

4. 성령 임재의 장기적 영향: 얼굴이 달라지는 삶

성령 충만한 삶을 지속하는 사람은 단지 한 순간 얼굴이 환해지는 것이 아니라, 전반적인 분위기와 인상이 변하게 된다. 그의 얼굴에는 평안과 기쁨이 흐르고, 불안과 분노가 사라지며, 눈빛은 맑고 투명해진다. 이런 변화는 다음과 같이 인식된다.

- 믿음이 깊은 사람은 얼굴에 '평화의 인상'이 있다.
- 기도가 깊은 사람은 '광채'와 '맑은 눈빛'을 지닌다.
- 성령으로 충만한 사람은 '말하지 않아도 은혜가 흐른다'.

이것이 바로 영성미(靈性美)의 진정한 완성이다.

5. 결론: 얼굴은 임재의 통로이자 증거이다

성령의 임재는 단지 영혼을 살리는 능력일 뿐 아니라, 얼굴을 회복시키고, 표정을 부드럽게 하며, 분위기를 빛나게 한다. 하나님과 깊이 연결된 삶은 얼굴에 생명의 흔적을 남긴다. 이것이 바로 '성령과 미용'의 신비이며, '늙지 않고 아름답게 살아가는 얼굴'의 영적인 과학이다.

영성미인교회는 이러한 임재의 아름다움을 삶 속에서 실현하고자 하는 사람들을 위한 공동체이다. 그 누구보다도 빛나는 얼굴을 가진 이들이 모인 곳, 그것이 곧 '성령이 임한 얼굴의 공동체'다.

'영의 상태'와 '얼굴 인상'의 숨은 관계: 의학·뇌과학·양자물리학의 통찰

"사람의 얼굴은 그의 영혼이 말하는 또 하나의 입이다."
― 영성미인학적 관점

1. 얼굴은 '영의 상태'를 비추는 거울이다

우리는 누군가를 만났을 때 그 사람의 말보다 얼굴 인상에서 더 많은 정보를 받는다. 왜일까? 얼굴은 단순히 물리적 구조나 표정 근육의 움직임을 넘어서, 그 사람의 마음과 생각, 더 깊게는 '영혼의 상태'까지 담고 있기 때문이다.

성경은 종종 사람의 얼굴을 통해 그의 영적 상태를 묘사한다.
"스데반의 얼굴은 천사의 얼굴 같더라"(사도행전 6:15)
"모세의 얼굴에 광채가 나더라"(출애굽기 34:29)

이처럼 성령으로 충만한 사람은 얼굴이 빛났고, 이는 단순한 신비한 사건이 아니라 영의 상태가 물리적 얼굴에 그대로 나타난 예다.

2. 의학적 통찰: 자율신경계와 얼굴 인상

현대 의학은 자율신경계가 얼굴 인상에 결정적 역할을 한다는 사실을 밝혀냈다.
- 불안, 분노, 두려움 등 부정적 감정이 지속되면 교감신경이 항진되어 얼굴 혈관이 수축하고, 표정근이 굳어져 인상이 어두워

진다.
- 반면 평안, 사랑, 믿음, 감사 등의 감정은 부교감신경을 자극하여 얼굴 근육의 긴장을 풀고, 미세한 주름을 완화시키며, 밝은 혈색을 회복시킨다.

즉, 의학적으로도 '영의 평안'은 자율신경계를 통해 얼굴에 그대로 반영된다. 영혼이 불안한 사람은 어떤 화장이나 시술로도 생기를 만들 수 없고, 영혼이 평안한 사람은 별다른 꾸밈 없이도 얼굴이 빛난다.

3. 뇌과학의 발견: 감정과 표정의 뉴로루프

뇌과학은 감정과 표정이 상호작용하는 순환고리, 즉 감정-표정 뉴로루프(neuro loop)를 설명한다.
- 내면의 감정은 대뇌변연계(특히 편도체)를 통해 얼굴 근육을 자극하고, 특정 표정을 만든다.
- 반대로 특정한 표정을 반복하면 그 신경 경로가 강화되어 해당 감정을 강화하거나 유도하게 된다.

예를 들어, 감사 기도나 축복 명상 후 자연스러운 미소가 반복되면, 이 미소는 도파민·세로토닌 분비를 강화하여 실제로 더 평안하고 사랑스러운 감정을 고정시킨다. 이는 '표정이 감정을 바꾸고, 감정이 인상을 바꾸며, 인상이 사람을 바꾼다'는 실제적 원리이다. 나는 이 원리로 보톡스의 숨은 비밀을 설명한다.

4. 양자물리학적 관점: 영혼의 파동과 얼굴의 진동

양자물리학은 물질이 곧 파동이며, 모든 존재는 진동하는 에너지체임을 말한다. 인간의 마음과 영혼 또한 특정한 진동수(파동)를 가지며, 이는 신체에 물리적 영향을 미친다.

- 분노와 미움, 두려움의 파동은 불규칙하고 거칠어 신체 내 에너지 흐름을 방해하고, 얼굴 주변의 '기장(氣場)'을 왜곡시킨다.
- 반면 감사, 사랑, 성령의 임재는 고주파 진동을 만들어 내며, 세포와 신경계, 얼굴 근육과 피부에 조화로운 에너지 패턴을 만들어 낸다.

이것은 얼굴의 '아우라', 즉 기운으로 감지되며, 타인에게 긍정적인 인상을 전달하게 된다. 이는 "그 사람은 얼굴이 환하다"라는 표현이 단순한 주관적 느낌이 아닌, 실제 파동과 에너지의 반응이라는 것을 보여 준다.

5. '영의 건강'은 '인상의 인격화'다

사람의 인상은 얼굴의 생김새보다 '내면의 에너지 상태'에 더 크게 좌우된다. 얼굴형은 유전적으로 정해져 있지만, 그 얼굴이 주는 인상은 매일의 생각, 감정, 영혼의 흐름에 따라 끊임없이 달라진다. 이 인상은 곧 인격으로 받아들여지며, 그 사람의 전체적 신뢰도, 따뜻함, 품위에 영향을 준다.

이런 의미에서 '영혼이 깨어 있는 사람'은 얼굴의 어떤 부분이 특별히 잘생기지 않아도 '매력적'이고 '기품이 있다'는 인상을 주게 된다. 이것이 바로 영성미(靈性美)의 본질이다.

6. 결론: 영은 얼굴을 빛낸다

영혼이 맑으면 얼굴이 맑아진다.
기도가 깊으면 눈빛이 깊어진다.
감사가 넘치면 미소가 따뜻해진다.
성령이 임하면 얼굴은 빛난다.
영의 상태는 단지 마음속의 일이 아니다.
그것은 곧 피부에, 눈에, 주름에, 인상에 실체로 나타난다.
이것이 바로 의학과 뇌과학, 양자물리학이 함께 증명하고 있는 '영성미인의 얼굴 원리'이다.

기도와 찬양이 피부와 표정에 미치는 긍정적 변화

"즐거운 마음은 얼굴을 빛나게 하되, 마음의 근심은 심령을 상하게 하느니라."
— 잠언 15:13

사람의 얼굴에는 마음과 영혼의 상태가 그대로 드러난다. 근심하는 사람의 눈은 흐리고, 분노하는 사람의 이마는 굳어지며, 두려운 사람의 입가는 닫힌다. 반대로 기도하는 이의 얼굴은 평안하고, 찬양하는 이의 입술은 생기로움이 있고, 감사하는 자의 안색은 빛난다. 이는 단순한 신앙적 체험이 아니라, 뇌과학적·면역학적·피부생리학적 근거를 가진 실재적 변화로서 '기도와 찬양'이 인간의 외모,

특히 피부와 표정에 긍정적인 영향을 미친다는 과학적 증거이다.

1. 기도, 찬양은 주름 근육을 풀어주는 자연 보톡스

　기도와 찬양을 드리는 동안, 인간의 뇌에서는 스트레스를 조절하는 자율신경계가 안정되는 반응이 나타난다. 특히, 부교감신경이 활성화되면서 심박수, 호흡, 근육 긴장이 완화되고, 얼굴 근육의 긴장도도 함께 풀린다.

- 눈가 근육이 부드러워지고,
- 입꼬리가 자연스럽게 올라가며,
- 미간의 주름이 완화된다.

　이는 기도 중 자연스럽게 웃음이 나오는 이유이며, 찬양하는 입술에 생기가 도는 이유이다. 반복되는 기도와 찬양은 얼굴 근육에 '평안과 기쁨'의 기억을 남기고, 표정의 습관을 바꾼다. 이것이 곧 '인상의 변환'이다. 기도와 찬양이 자연 보톡스다.

2. 기도, 찬양은 피부에 생기를 불어넣는 스킨부스터

　기도와 찬양이 주는 정서적 안정과 뇌의 긍정 회로 활성화는 피부에도 실질적인 변화를 유도한다. 주요 효과는 다음과 같다.

- 스트레스 호르몬인 코르티솔의 감소:

　이는 피부의 염증 반응(여드름, 아토피, 건선 등)을 줄이고, 피부 장벽 기능을 회복시킨다.

- 혈관 확장 및 혈류 개선:

기도 중의 깊은 호흡과 찬양의 리듬은 말초 혈관의 혈류를 증가시켜 산소와 영양소가 피부세포에 풍부하게 공급되도록 한다. 그 결과, 피부톤이 맑아지고 안색이 밝아진다.

- 성장 호르몬과 DHEA(항노화 호르몬) 분비 촉진:

특히 깊은 묵상 기도나 감사 찬양은 숙면과 비슷한 뇌파를 유도해 세포 재생 호르몬을 촉진시킨다. 이는 피부 재생, 주름 개선, 탄력 증가로 이어진다. 기도와 찬양이 스킨부스터이다.

3. 기도와 찬양은 사랑과 감사의 뇌파를 만든다: 뇌파와 호르몬의 영향

찬양하는 사람의 뇌에서는 알파파와 감마파가 증가한다. 알파파는 편안함과 집중을, 감마파는 통합적 이해와 기쁨의 상태를 의미하며 이는 긍정적인 감정과 깊은 몰입을 유도한다. 이러한 뇌파는 다음과 같은 호르몬을 분비시킨다.

- 도파민: 즐거움과 동기 부여, 피부 활력 증가
- 세로토닌: 감정 안정과 혈류 개선, 안면 혈색 회복
- 옥시토신: 사랑과 유대감 향상, 면역력과 염증 반응 조절
- 멜라토닌: 깊은 수면 유도 및 피부 재생 촉진

이러한 생리적 변화는 피부뿐 아니라, 얼굴의 전반적인 생명력과 에너지를 회복시킨다.

4. 찬양의 소리 진동과 얼굴 에너지

특히 찬양은 단순한 음악이 아닌 에너지 진동의 선포이다. 사람이 하나님의 이름을 높이고, 감사와 사랑을 담아 찬양을 부를 때, 그 파동은 성대와 얼굴 근육을 울리고, 얼굴 전면에 존재하는 에너지장(氣場)을 정화한다.

소리의 진동은 얼굴의 경혈과 기경락(氣經絡)을 자극해 순환을 돕는다.

찬양의 언어('감사합니다', '주님 사랑합니다', '주님 영광 받으소서' 등)는 파동적으로 긍정적인 진동수(Hz)를 띠며, 얼굴에 담긴 부정적 정서의 흔적을 지운다.

즉, 찬양은 '얼굴의 기운'을 바꾸는 영적 진동치유이며, 그 결과는 실제 안색, 피부 결, 눈빛, 입꼬리의 표정으로 나타난다.

5. 영성미인의 얼굴은 찬양과 기도로 완성된다

영성미인은 화장으로 꾸며진 얼굴이 아니라, 기도와 찬양으로 빚어진 얼굴이다.

그 얼굴에는 두려움 대신 평안이 있고, 불안 대신 기쁨이 있으며, 억눌림 대신 자유가 있다.

그 눈빛은 부드럽고, 그 입술에는 찬송이 머무르며, 그 미소에는 사랑이 흐른다.

이것이 진정한 아름다움이며, 시간이 흘러도 늙지 않고 깊어지는 아름다움이다.

6. 결론: 찬양과 기도는 얼굴을 바꾼다

기도는 영혼을 부르고, 찬양은 영혼을 열며 그 열린 영혼은 얼굴로 흘러 나온다.

기도와 찬양은 얼굴의 근육을 부드럽게 하고, 피부를 깨끗하게 하며, 기운을 맑게 한다.

이것이 '영혼에서 얼굴로 흐르는 빛', 영성미인의 핵심이다.

성령의 열매와 얼굴 표정: 사랑, 기쁨, 평안의 인상학

"오직 성령의 열매는 사랑과 희락과 화평과 오래 참음과 자비와 양선과 충성과 온유와 절제니…"
― 갈라디아서 5:22

성령의 열매는 단지 내면의 성숙함을 의미하지 않는다. 그것은 얼굴 표정과 인상, 언어, 태도, 분위기 전반에 걸쳐 드러나는 총체적 인격의 빛이다. <u>사랑, 기쁨, 평안이 충만한 사람의 얼굴은 단순히 '예쁘다'는 차원을 넘어, 사람을 끌어당기고 회복시키는 치명적 매력을 지닌다.</u> 그것은 눈빛의 투명함, 미소의 부드러움, 인상의 안정감으로 표현되며, 바로 이것이 영성미(靈性美)의 본질이자 영성미인의 얼굴이다.

1. 사랑(Love)의 인상: 포용력과 따뜻함이 흐르는 얼굴

사랑이 충만한 사람은 얼굴에서 따뜻한 기운을 내뿜는다. 눈빛에는 판단이나 공격이 없고, 입가에는 부드러운 미소가 흐르며, 얼굴 근육은 열려 있다. 이 얼굴은 보는 사람으로 하여금 경계심을 풀고, 가까이 다가가고 싶게 만든다. 심리학적으로도 타인을 진심으로 사랑하는 감정이 지속되면 뇌에서 옥시토신이 분비되고, 이는 얼굴 혈류를 증가시키고 안면근육을 부드럽게 하여 친근한 인상을 형성한다.

이러한 사람은 눈이 크지 않아도 '눈빛이 맑다', 입술이 두드러지지 않아도 '말투가 따뜻하다'는 인상을 준다. 이는 사랑의 에너지가 안면 표정과 언어 습관을 통해 인격화된 결과이다.

2. 기쁨(Joy)의 인상: 생기와 활력, 긍정의 표정

기쁨이 충만한 사람은 그 자체로 생명력이다. 얼굴은 환하고, 입꼬리는 올라가 있고, 눈에는 반짝이는 에너지가 담겨 있다. 진정한 기쁨은 지나가는 웃음이 아니라, 삶을 긍정하는 태도에서 비롯되는 내면의 흐름이다.

<u>기쁨은 뇌의 도파민 회로를 자극하며, 이로 인해 혈관이 이완되고 피부가 밝아진다.</u> 또한 기쁨은 미소근(zygomaticus major)을 자주 자극하기 때문에 그 사람의 얼굴은 시간이 지날수록 자연스럽게 웃는 인상을 가지게 된다. 밝은 인상은 단지 유전이 아니라, 반복된 기쁨의 감정이 만든 얼굴의 습관이기도 하다.

3. 평안(Peace)의 인상: 정적인 기품과 안정을 주는 얼굴

평안은 얼굴에 가장 깊은 안정감을 준다. 눈동자의 떨림이 없고,

이마에는 긴장감이 없으며, 입가에는 부드러움이 머문다. 평안한 얼굴은 마치 잔잔한 호수와 같아서 보는 이로 하여금 마음이 정화되는 느낌을 받게 한다.

이러한 얼굴은 자율신경계가 균형을 이루고 있다는 표지이며, 부교감신경이 우세한 상태일 때 나타난다. 명상과 기도, 성령 안에서의 침묵과 기다림은 이러한 평안의 얼굴을 만든다. 감정이 흔들리지 않는 내적 균형은 표정에도 균형을 주고, 얼굴의 좌우 대칭과 표정의 안정감으로 나타난다.

4. 성령의 열매는 얼굴근육의 습관을 바꾼다

성령의 열매는 단지 한순간의 표정 변화를 넘어서, 얼굴의 습관을 바꾸고 인상을 새롭게 한다. 사랑이 깊은 사람은 얼굴 근육이 따뜻한 방향으로, 기쁨이 있는 사람은 미소 중심으로, 평안한 사람은 눈동자와 미간에 조화를 이룬다.

이러한 표정은 시간이 갈수록 얼굴 주름의 방향을 바꾸고, 전체적인 인상을 새롭게 한다. "얼굴은 인격의 요약이며, 인상은 영혼의 흔적"이라는 말처럼, 성령의 열매는 얼굴의 아름다운 선을 그려 간다.

5. 인상학의 영적 확장: 외모보다 깊은 아름다움

고대 중국과 유럽의 인상학은 얼굴을 통해 그 사람의 성향과 운명을 읽으려 했다. 하지만 기독교 영성에서 인상학은 그 사람의 내면 상태, 성령의 임재 여부, 진정성, 신뢰감 등을 분별하는 영적 관찰의 도구가 된다.

성령이 충만한 사람의 얼굴은 말하지 않아도 사람들에게 안정과 소망을 전한다. 이러한 얼굴은 성형수술이나 화장으로 만들 수 없는 거룩한 인상이며, 바로 하나님께서 빚으시는 얼굴이다.

6. 결론: 당신의 얼굴은 당신의 성령 상태를 말한다

사랑은 얼굴에 따뜻함을,

기쁨은 얼굴에 생명을,

평안은 얼굴에 안정을 더한다.

성령의 열매가 맺히면, 얼굴은 더 이상 '꾸미는 대상'이 아니라, '흘러나오는 통로'가 된다.

이것이 영성미인이 세상에 주는 진짜 아름다움이다.

하나님의 성품이 얼굴에 새겨진 삶, 그것이 성령과 미용의 진정한 통합이다.

안수와 호흡 기도를 통한 안면 에너지 회복

"예수께서 저희 위에 안수하시고 그곳을 떠나시니라"
— 마태복음 19:15

"여호와의 기운이 그 얼굴에서 빛났더라"
— 시편

현대인들의 얼굴은 지쳐 있다. 표정은 굳고, 피부는 푸석하며, 눈빛은 흐려져 있다. 이 모든 것은 단순히 외적 환경만의 결과가 아니라, 내면의 기운, 곧 영적 에너지의 고갈과 흐름의 막힘 때문이다. 기독교 영성과 과학적 에너지의 통합적 관점에서, 안수와 호흡 기도는 얼굴의 생명력을 회복하는 가장 직접적이고 강력한 영적·신체적 실천이다. 이는 단지 종교적 행위가 아니라, 항노화 미용의 실질적 회복이다.

1. 안수: 에너지 전달의 신학적·신체적 원리

안수는 성경 속에서 치유와 축복의 중요한 통로였다. 예수께서 병든 자에게 손을 얹어 기도하셨을 때, 능력이 그 몸에 흐르며 회복이 일어났다(누가복음 4:40). 안수는 단지 기도자의 손이 아닌, 하나님이 주신 기운의 통로이다.

- 영적으로: 안수는 성령의 흐름이 대상자에게 전이되는 행위이며, 이는 내면의 억눌림과 감정의 응어리를 풀어 준다.
- 생리학적으로: 사람의 손바닥은 강한 생체전류(생체자기장)를 발산하며, 안면 근육과 피부에 직접 접촉하면 미세한 전자기 자극이 피부세포와 신경을 자극한다.
- 뇌과학적으로: 타인의 손길은 옥시토신 분비를 촉진하고, 스트레스 호르몬인 코르티솔을 줄여 표정근을 이완시킨다.

특히, 얼굴에 성령 안수 기도를 진행할 때, 그 사람의 눈가, 미간, 입가 근육이 부드러워지며, 얼굴의 기운(氣)이 정화된다. 영혼의 위로는 얼굴에 빛으로 나타난다.

2. 호흡 기도: 산소와 성령을 함께 들이마시는 영적 호흡

기도는 단어가 아니라 '존재의 호흡'이다. 특히 호흡 기도는 심령과 육체, 뇌와 신경, 피부와 기운을 동시에 정화하는 강력한 자기회복 도구이다.

호흡 기도는 다음과 같은 단계로 진행된다.

- **들숨**: "주여, 당신의 생명과 빛을 제게 불어넣어 주소서"
→ 폐에 산소가 가득 차면서 얼굴 모세혈관까지 산소 공급 증가
→ 뇌와 안면신경이 깨어나고 피부 혈색 회복

- **날숨**: "모든 어둠, 두려움, 노화를 주 예수 이름으로 내보냅니다"
→ 심호흡을 통한 부교감 신경 활성화
→ 근육 이완, 안면 긴장 해소, 스트레스 호르몬 배출

- **반복**: 일정한 리듬으로 주님의 이름을 부르며 호흡할 때
→ 뇌파가 알파파로 안정되며, 얼굴 근육도 부드러워진다.

실제로 10분간의 성령 호흡 기도를 지속하면 피부 온도가 올라가고, 미세한 얼굴 근육의 긴장이 완화되며, 주름의 방향까지 달라진다는 뇌생리학적, 피부과학적 보고도 있다.

3. 안면 에너지 회복의 핵심: 기운의 흐름 정화

양자 물리학적 관점에서 인간은 진동하는 에너지체이며, 얼굴은

가장 에너지 흐름이 집약되는 부위이다. 이 흐름은 스트레스, 감정의 억압, 미해결된 죄책감, 용서하지 못한 기억 등으로 인해 막히며, 그 결과 얼굴의 표정과 기운이 어두워진다.

안수와 호흡 기도는 다음과 같은 에너지 회복 경로를 연다.
- 이마 중심(전두엽) 정화: 걱정과 판단의 에너지를 제거
- 눈가 주변: 두려움과 피로의 에너지 제거
- 볼과 턱: 억눌린 감정과 분노의 에너지 정화
- 입술 주변: 진실을 말하지 못한 억제감 해소

이러한 흐름이 회복되면 얼굴에는 자연스러운 광채, 탄력, 따뜻한 기운이 흐르게 되며, 이것이 '영성미인'의 얼굴이다.

4. 실제 적용: 안수·호흡기도 얼굴 회복 예시

- **케이스 1**: 반복적인 스트레스로 미간에 깊은 주름이 있던 40대 여성
→ 매일 아침 호흡 기도 10분, 주 1회 얼굴 안수 기도 4주 실천 후
→ 표정이 밝아지고 미간 긴장 완화, 주름의 깊이 감소

- **케이스 2**: 우울감과 자기비하로 무표정하던 30대 남성
→ 안수 기도 중 눈물을 흘리며 내면의 고통을 토로
→ 이후 입꼬리 상승, 눈빛에 생기 회복, 사회적 관계 개선

5. 결론: 얼굴은 영혼의 상태를 반영하고,
   안수와 호흡 기도는 그 얼굴을 치유한다

우리는 말할 수 있다.

"영혼이 치유될 때, 얼굴은 살아난다."

"성령이 얼굴 위에 임할 때, 진정한 안티에이징이 시작된다."

영성미인교회는 단지 교리가 아닌 회복의 실천이다.
안수의 손과 호흡의 기도 속에서
우리는 내면의 빛을 얼굴로 흐르게 한다.

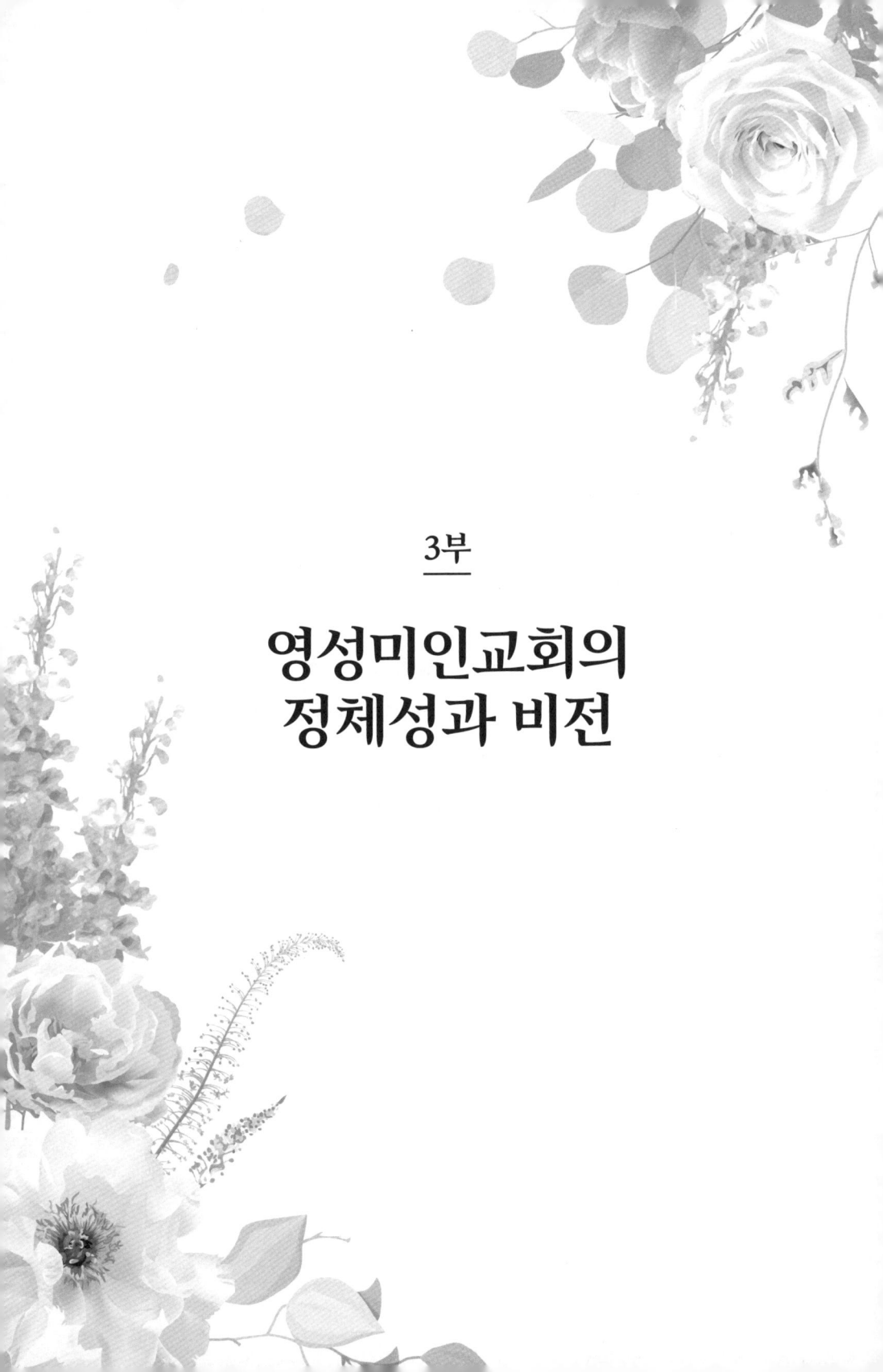

3부

영성미인교회의 정체성과 비전

8장

영성미인교회의 창립 배경과 필요성

한국 사회의 노화 스트레스와 외모 불안

오늘날 대한민국은 세계에서 손꼽히는 고령화 사회이며 동시에 세계 최고 수준의 미용·외모 경쟁 사회다. 한편으로는 빠르게 늙어 가는 인구 구조 속에서 노화에 대한 불안과 걱정의 스트레스를 안고 다른 한편으로는 외모 중심의 사회문화 속에서 끊임없는 비교와 자존감 저하에 시달리고 있다. 이 두 가지가 결합되어 나타나는 것이 '노화 스트레스'와 '외모 불안'이다.

1. 고령화 사회의 불안한 미래

대한민국은 세계에서 가장 빠르게 늙어 가는 나라 중 하나다. 평균 수명은 늘었지만, 건강 수명은 그것을 따라가지 못하고 있다. 나이 들수록 병원과 약국에 의존하며, 외모는 점점 변화하고 신체기능은 떨어지며 많은 사람들이 "늙는 것이 두렵다"는 정서적 불안 속에 살고 있다. 육체의 노화뿐 아니라 '존재의 노화'가 심리적·정신적 고립감으로 연결된다.

2. 사회적 경쟁과 외모 불안

대한민국의 교육과 직장 문화는 성과 중심일 뿐 아니라 이미지 중심이기도 하다. 특히 여성뿐 아니라 남성까지도 "얼굴이 경쟁력"이라는 왜곡된 인식을 내면화하며 살아간다. SNS 문화는 이러한 경향을 극대화시킨다. 필터 앱, 성형 정보, 비교 영상은 많은 이들에게 "지금의 내 얼굴은 부족하다"는 자기비하와 불안을 끊임없이 심는다.

이러한 문화는 결국 외모에 대한 과도한 집착과 불만족으로 이어지고, 이는 자존감 저하, 인간관계의 회피, 우울감으로 발전한다. 더 심각한 문제는 "외적인 아름다움"만을 추구하면서 내면의 건강과 영혼의 아름다움은 점점 더 빈곤한 상태로 빠져들고 있다.

3. 스트레스 사회와 안면 노화

과도한 경쟁과 스트레스는 뇌와 호르몬 체계를 교란시키며, 이는 신체의 노화를 가속시킨다. 특히 안면 근육은 스트레스와 정서 상태에 매우 민감하게 반응하며, 반복된 긴장과 불안은 얼굴 처짐, 깊은 주름, 경직된 표정, 탁한 안색으로 드러난다. 또한 감정적 억압은 안면 비대칭, 턱관절 장애, 안면신경 불균형 등으로까지 이어질 수 있다.

따라서 단순히 겉모습을 고치는 것이 아니라, 뇌와 영혼, 감정의 흐름을 회복하고 조화롭게 다스릴 수 있어야 진정한 아름다움이 회복된다.

4. '영성의 빈곤'이 불안한 얼굴을 만든다

이 모든 현상의 근본적인 문제는 바로 '영성의 빈곤'이다. 인간은 육체와 정신, 그리고 영혼의 존재이다. 그러나 오늘의 한국 사회는 물질, 성취, 외모에 치우쳐 있고, 내면의 성찰, 믿음, 사랑, 영혼의 평안을 놓치고 있다. 그 결과, 얼굴은 점점 더 불안하고 공허해지며, 미소는 사라지고 눈빛은 흐려진다.

5. 영성미인교회의 출현: 시대적 요청

이와 같은 한국 사회의 문화적 · 정서적 · 영적 위기 속에서 "영성미인교회"는 하나님의 치유적 대안으로 태어난다. 이 교회는 단순히 '외모를 위한 교회'가 아니라, 영혼의 아름다움이 얼굴로 흐르게 하는 공동체이며, 늙지 않고 병들지 않고 아름답게 살아가기 위한 '통합 영성의 실천장'이다.

영성미인교회는 말씀과 기도, 과학과 성령, 의학과 영성을 함께 나누며 다음과 같은 사명을 감당한다.
- 스트레스와 불안, 외모 집착에서 벗어나 내면의 자존감 회복
- 늙지 않는 삶, 건강한 세포, 빛나는 얼굴을 위한 영성 훈련
- 진정한 아름다움이란 무엇인지에 대한 성경적 · 과학적 통찰 제공
- 얼굴을 성소처럼 가꾸며, 삶을 거룩하게 회복시키는 영성 공동체 형성

6. 결론

한국 사회는 외모 집착과 노화 불안, 스트레스의 문화 속에서 진정한 치유와 회복을 갈망하고 있다. 이제는 단지 겉을 꾸미는 시대를 넘어, 영혼에서 흘러나오는 아름다움을 회복해야 할 때이다. 그것이 바로 '영성미인'의 길이며, 영성미인교회의 존재 이유이다.

외모 지상주의 문화 속 영성의 부재

대한민국은 세계에서 손꼽히는 미용 선진국이자, 동시에 외모지상주의가 가장 뿌리 깊게 자리 잡은 사회 중 하나이다. 어린 시절부터 외모로 평가받고, 취업, 결혼, 사회적 관계에서도 외모가 경쟁력으로 작용한다. 외모는 그 자체로 '자기 가치'를 대표하게 되었고, 외적인 아름다움이 곧 인간의 성공과 행복을 결정짓는 요소처럼 여겨지고 있다.

이러한 외모 중심 사회는 결과적으로 깊은 자기비하, 불안, 열등감의 감정을 사람들 안에 심어 놓는다. SNS 상의 필터, 가공된 이미지, 성형에 대한 강박은 현대인으로 하여금 '있는 그대로의 나'에 대해 불만족하게 만들고, 결국 '자기를 부정하는 얼굴'을 만들어 낸다. 그 결과 사람들은 점점 더 인공적 아름다움에 집착하고, 내면은 공허해지며, 얼굴은 긴장되고 경직되며, 표정은 사라진다. 인간을 상실하고 있다.

이처럼 외모가 우상이 된 사회는 반드시 영성의 빈곤과 부재를 낳는다. 외모에만 집착할수록, 내면의 영혼은 방치되고, 자신의 정체성과 존재의 깊이는 무시된다. 타인의 시선을 통해 자신의 가치를 평가하게 될 때, 우리는 하나님이 우리 각자에게 부여하신 '존귀함'과 '독특함'을 망각한다. 성경은 우리에게 "사람은 외모를 보거니와 여호와는 중심을 보신다"(삼상 16:7)고 말씀한다. 그러나 오늘날의 문화는 그 중심이 아니라, 껍데기를 강조하며 진짜 아름다움을 외면하게 한다.

외모 지상주의는 신앙인에게도 영향을 미친다. 신앙 생활조차 세련되고 멋져 보이기를 원하고, 성도들 사이의 관계에서도 '인상 좋은 사람'이 호감을 얻는다. 그러나 그것이 영적인 성숙이나 내면의 거룩함과는 무관할 때, 교회도 세상의 문화에 휘둘리는 외형 중심 공동체로 전락한다.

이런 시대에 "영성미인교회"는 단순히 외모를 아름답게 꾸미는 공간이 아니라, 외모에 갇힌 자아를 해방시키고, 영혼에서 흘러나오는 진정한 아름다움을 회복하는 공동체로서 존재한다. 우리는 외모를 무시하지 않는다. 오히려 얼굴은 '영혼의 거울'이며, 하나님이 지으신 작품으로서 소중히 여긴다. 하지만 그 아름다움은 내면으로부터 흘러나와야 진짜다. 사랑, 평안, 기쁨, 용서, 감사, 거룩함의 에너지가 얼굴을 빛을 때, 사람은 늙지 않고, 시들지 않으며, 나이에 관계없이 빛나는 존재가 된다.

영성미인교회는 외모지상주의 문화 속에서 사람들이 잃어버린 '존재의 아름다움'을 회복하는 사명을 갖는다. 우리는 외모보다 더 중요한 것을 가르치고, 내면이 얼굴을 아름답게 만든다는 진리를 선포하며, 말씀이 얼굴을 바꾸고, 기도가 피부에 생기를 불어넣으며, 성령의 임재가 표정을 살린다는 것을 몸으로 보여 주는 예배 공동체이다.

　결론적으로, 우리는 외모지상주의가 강할수록 더 깊은 영성을 회복해야 한다. 외모의 노예가 아닌, 영혼의 주인으로 사는 삶, 진정한 아름다움이 흘러나오는 얼굴 — 그것이 영성미인의 얼굴이며, 바로 이 시대에 필요한 얼굴이다.

건강한 아름다움과 나만의 아름다움의 회복

　오늘날 우리 사회는 끊임없이 '아름다움'을 추구한다. 날씬한 몸, 매끄러운 피부, 정교하게 다듬어진 얼굴형과 또렷한 이목구비는 많은 이들이 부러워하고 모방하는 이상적인 미(美)의 기준이 되었다. 하지만 그 아름다움은 종종 피곤하고 무거운 희생을 수반한다. 다이어트, 성형, 피부 시술, 화장품에 의존하며 순간적인 '겉모습'은 개선될 수 있지만, 그것만으로는 진정한 아름다움과 행복을 얻을 수 없다. 오히려 외모를 따라가는 과정 속에서 자존감은 낮아지고, 비교의식과 불안은 커지며, 진짜 나다움의 자신감을 상실하게 된다.

　그러므로 오늘날 우리가 다시 회복해야 할 것은 단순한 '외모의 아름다움'이 아닌, '건강한 아름다움', '나만의 아름다움'이다. 여기서 말하는 건강한 아름다움과 나만의 아름다움은 외면과 내면, 몸과 마음, 그리고 영혼이 조화를 이루며 발현되는 전체적 생명력이다. 이는 단지 주름 없는 피부나 군살 없는 몸매가 아닌, 밝은 눈빛, 온화한 표정, 편안한 말투, 타인을 감싸는 에너지에서 드러나는 삶의 향기이며, 그 중심에는 바로 '영성'이 존재한다.

<u>영성은 인간 존재의 가장 깊은 근원이며, 삶의 방향과 가치를 결정짓는 내적 중심축이다.</u> 영성이 회복되면, 우리는 자기 존재를 온전히 받아들이고, 하나님께서 지으신 자신의 모습과 삶에 대해 감사하게 되며, 그것이 얼굴에 평안한 빛으로 나타나게 된다. 이는 단지 종교적 정서나 형이상학적인 개념이 아니라, 의학적·심리학적·뇌과학적 근거를 가진 명백한 진실이다.

예를 들어, 감사와 기쁨, 평안의 감정은 뇌에서 세로토닌과 도파민을 증가시키고, 자율신경계를 안정화시켜 전신의 긴장을 풀며, 피부 혈류를 개선하고 면역 기능을 높인다. 반면, 스트레스, 분노, 불안은 코르티솔을 증가시키고 얼굴의 근육을 경직시키며, 피부 탄력을 저하시키고 안색을 어둡게 만든다. 결국, 영적 상태가 얼굴을 결정짓는다.

이처럼 아름다움은 단지 유전이나 기술이 아니라, '삶의 에너지'에서 흘러나오는 것이다. 기도와 말씀, 명상과 안수, 감사와 찬양으로 가득 찬 사람의 얼굴은 나이와 상관없이 빛난다. 그것은 성령의 에너지가 내면에 넘칠 때, 그 빛이 얼굴로 흐르기 때문이다.

영성미인교회는 바로 이 '건강한 아름다움', '나만의 아름다움'의 회복을 위한 교회이다. 이 교회는 육체의 건강과 외적 아름다움을 부정하지 않으며, 오히려 그것을 '영성 안에서 조화롭게 회복하는 길'을 안내한다. 이 교회는 말씀과 기도를 통해 내면의 질서를 회복시키고, 과학적 근거를 가진 건강·미용 프로그램을 통해 육체의 조화를 추구하며, 개인이 영적으로 성장함과 동시에 생명력 있는 얼굴을 회복하도록 돕는다.

결론적으로, 아름다움은 외모의 결과가 아니라 '존재의 표현'이다. 그리고 그 존재의 가장 깊은 중심은 영성이다. 영성미인교회는 단순한 미용 교회가 아니라, 진정한 나다움을 회복하고, 영성과 아름다움이 하나 되는 통합적 인간 회복을 추구하는 시대적 사명 공동체다.

이제 우리는 외모의 한계를 넘어서, 생명력 있는 아름다움, 늙지 않는 얼굴, 사랑이 흐르는 미소를 회복할 수 있다. 그것이 바로 영성의 회복이며, 건강한 아름다움의 본질이다. 그리고 그 길을 안내하는 것이 '영성미인교회'의 존재 이유이다.

9장

영성미인교회의 핵심 가치와 정체성

통합적 영성: 말씀, 과학, 삶

21세기의 인류는 과학기술의 급격한 발전과 함께 물질문명의 절정을 향해 달려가고 있다. 인공지능, 유전자 편집, 뇌과학, 양자물리학 등은 인간 존재의 경계와 본질에 새로운 질문을 던지고 있으며, 동시에 인간의 육체와 정신, 감정과 영혼의 상호작용을 새롭게 해석할 수 있는 가능성을 열어 가고 있다.

그럼에도 불구하고 현대인은 점점 더 혼란의 늪에 빠져 들고 있다. 물질은 넘쳐나지만, 내면은 공허하고 정보는 넘치지만 진리는 보이지 않는다. 이 시대는 단순한 종교가 아니라, 삶 전체를 회복하는 통합적 영성이 절실히 필요한 때다. 바로 이 지점에서 영성미인교회의 핵심 가치는 출발한다.

1. 말씀 속의 영성 — 하나님의 생명과 질서

영성의 첫 출발은 하나님의 말씀이다. 말씀은 곧 생명이며, 존재의 기원이다. "태초에 말씀이 계시니라. 이 말씀이 하나님과 함께 계셨고 이 말씀은 곧 하나님이시니라."(요한복음 1:1)

영성미인교회는 성경을 인간 존재의 근원, 치유, 회복, 그리고 아름다움의 원천으로 본다. 하나님의 말씀은 단지 지식이 아니라, 삶을 재구성하고 존재를 소생시키는 창조적 에너지로서 말씀 안에서 우리는 자기 존재의 존엄을 깨닫고, 참된 자아를 회복하며, 얼굴에 진리의 광채가 흐르게 된다.

2. 과학 속의 영성 — 뇌, 세포, 에너지의 통합 이해

영성은 더 이상 종교의 영역에만 머무르지 않는다. 오늘날 뇌과학은 기도와 명상이 인간의 뇌 구조를 변화시키고, 스트레스를 줄이며, 면역체계를 강화하며, 얼굴 표정과 피부까지 영향을 준다는 것을 입증하고 있다. 양자물리학은 인간이 단지 물질이 아니라 에너지이며, 모든 존재가 연결되어 있음을 증명한다.

또한 분자생물학은 사랑, 감사, 평안과 같은 긍정적인 감정이 실제로 세포의 수명을 늘리고 텔로미어(노화의 핵심 인자)를 보호하며, 세포의 회복력을 높인다는 것을 보여 준다. 이 모든 과학적 사실은 성경적 진리와도 일치한다. "즐거운 마음은 양약이라도 심령의 근심은 뼈를 마르게 하느니라."(잠언 17:22)

영성미인교회는 과학을 영성과 대립하는 것이 아니라, 오히려 영성의 신비를 구체적이고 실천적으로 드러내는 도구로 받아들인다.

말씀과 과학은 서로를 비추며, 함께 인간의 온전한 회복을 이끌어 낼 것이다.

3. 삶 속의 영성 — 실천과 아름다움으로 흐르는 생명력

진정한 영성은 삶으로 흘러가야 한다. 단지 이론이나 관념에 머물러서는 안 된다. 통합적 영성은 말씀을 삶에 적용하고, 과학을 일상에 연결하여, 존재 전체가 조화를 이루도록 돕는다.

영성미인교회는 실천 중심의 공동체로서 기도와 명상, 호흡과 안수, 말씀 묵상과 뇌파 훈련, 감사 일기와 긍정 언어, 정서치유와 얼굴 표정 회복 훈련 등 삶 속에서 구체적으로 체험하고 변화되는 영성 실천을 통해, 마음과 몸, 얼굴과 삶 전체가 조화를 이루는 길을 추구한다.

우리는 얼굴을 성소처럼 가꾸며, 삶을 예배처럼 살아가고자 한다. 외적인 아름다움은 내면의 진동이며, 삶 전체는 곧 존재의 표정이다. 이러한 신앙과 과학, 일상과 영혼이 하나로 연결될 때, 진정한 '영성미인'이 탄생한다.

4. 결론: 통합은 시대의 명령이며, 영성은 삶의 중심이다

영성미인교회는 말씀과 과학, 삶을 통합하는 새로운 영성운동으로서 우리는 종교적 의식만을 반복하지 않으며, 과학만을 숭배하지도 않는다. 대신 우리는 말씀과 과학이 만나고, 삶 속에서 실천되어, 얼굴과 인생이 빛나는 그 거룩한 통합의 자리를 추구한다.

통합적 영성은 아름다움, 건강, 젊음, 기쁨, 생명력, 관계, 사명, 그리고 진정한 하나님과의 연결을 모두 포함한다. 그것은 곧 이 시대가 잃어버린 '존재의 전체성'이며 그것이 바로 '영성미인'의 정체성이며, 우리의 비전이다.

美의 3요소: 건강미, 인격미, 영성미

아름다움은 단순히 외적인 모양이나 구조만을 의미하지 않는다. 참된 아름다움은 인간 존재의 깊은 조화와 균형에서 비롯되며, 그것은 외모와 더불어 마음과 영혼까지 포괄하는 총체적인 품격이다. 영성미인교회는 이러한 아름다움의 본질을 "건강미, 인격미, 영성미"라는 세 가지 핵심축으로 정리한다. 이 세 요소는 각각 독립적인 가치이면서도 유기적으로 연결되어 있으며 온전한 '영성미인'으로 살아가기 위한 필수 요소이다.

1. 건강미(健康美) — 아름다움의 생리적 기반

건강미는 생명력과 균형감에서 나오는 자연스러운 아름다움이다. 맑은 피부, 반듯한 자세, 생동감 있는 눈빛, 편안한 미소, 혈색 있는 얼굴빛은 모두 건강미에서 비롯된다. 이는 단순히 병이 없다는 의미를 넘어서, 신체 내 장기들이 조화롭게 작동하고, 스트레스 호르몬이 안정되며, 자율신경계와 면역계가 균형을 이루고 있다는 표시이다.

현대 의학은 얼굴이 건강 상태의 거울이라는 것을 밝히고 있다.

장 건강은 피부 트러블에, 호흡기와 자율신경은 눈빛과 표정에 영향을 미친다. 얼굴은 몸 전체의 건강 상태를 반영하는 통합적 지표인 것이다. 따라서 '아름다운 얼굴'을 만들기 위해서는 먼저 내면의 장기 건강과 면역 조절, 균형 잡힌 영양 섭취와 운동, 깊은 수면과 안정된 호흡이 필요하다.

<u>영성미인교회는 말씀을 통한 마음의 평화, 기도와 호흡을 통한 스트레스 조절, 과학에 근거한 건강 습관을 통해 건강미를 회복하는 길을 제시한다.</u>

2. 인격미(人格美) — 얼굴에 드러나는 마음의 품격

인격미는 마음의 품성과 삶의 태도에서 비롯되는 내면의 아름다움이다. 이는 도덕성과 성품, 공감력, 성실함, 겸손함, 진실함 같은 윤리적·인격적 자질들이 얼굴에 형상화된 아름다움이다. 인격미가 있는 사람은 어떤 외모를 가졌든지 간에 매력적으로 느껴지며, 그 존재 자체가 타인에게 위로와 존중을 준다.

인격은 얼굴을 만든다. 사람의 생각과 감정은 반복될수록 표정근육과 안면신경, 말투, 눈빛, 자세를 형성하게 된다. 매일 감사하는 사람의 얼굴에는 온유함이 스며들고, 용서하는 사람의 눈빛은 따뜻해진다. 반면에 교만, 분노, 거짓, 질투가 많은 사람은 얼굴에 그 흔적이 남고, 표정은 점점 경직되고 피곤해진다.

<u>영성미인교회는 성경적 성품 훈련, 성령의 9가지 열매 실천, 감사와 긍정 언어훈련을 통해 얼굴에 품격이 흐르는 인격미를 기르는 것을 중요 가치로 삼는다.</u>

3. 영성미(靈性美) — 빛나는 존재의 본질

영성미는 영혼에서 흘러나오는 빛과 향기이다. 이는 인간의 깊은 존재 차원에서 우러나는 하나님의 형상으로서의 아름다움이며, 세상의 아름다움과는 본질적으로 다르다. 성령으로 충만한 사람의 얼굴에는 설명할 수 없는 평안과 생명력, 거룩한 기운이 흐른다.

성경은 모세가 하나님과 교제한 후 얼굴에 광채가 났다고 기록한다(출애굽기 34:29). 예수님도 변화산상에서 얼굴이 해같이 빛났다고 기록되어 있다(마태복음 17:2). 성령의 임재는 실제로 안면의 근육, 표정, 에너지 파장에 변화를 일으키며, 얼굴에 빛이 흐르게 한다.

영성미는 곧 하나님의 임재를 담은 얼굴이다. 기도와 말씀, 찬양과 안수, 묵상과 성령 충만의 삶을 통해 우리는 내면의 영혼이 깨어나고, 얼굴을 통해 하나님 나라의 아름다움을 드러내게 된다.

영성미인교회는 바로 이 영성미를 회복하는 공동체이다. 내면이 깨어날 때, 얼굴이 빛난다. 영혼이 하나님과 연결될 때, 얼굴은 늙지 않는다.

4. 결론: 통합적 아름다움의 완성 — 영성미인

건강미는 몸의 조화, 인격미는 마음의 성숙, 영성미는 존재의 빛이다. 이 세 가지는 서로를 강화하며, 하나로 통합될 때 진정한 '영성미인'이 된다.

영성미인교회는 이 세 요소를 회복하고 개발하여, 외모 중심의 왜곡된 아름다움이 아닌, 존재 전체의 아름다움을 추구한다.

우리는 단지 "예뻐지는 교회"가 아니라, "빛나는 존재"로 살아가는 길을 여는 교회이다. 말씀과 과학, 영성과 실천이 어우러진 영성미인 공동체는 이 시대에 가장 건강하고 깊은 아름다움의 모델이 될 것이다.

'내면에서 빛나는 인생'의 실현

현대 사회는 외모의 아름다움을 추구하는 데 집중하고 있지만, 정작 진정한 아름다움은 내면에서부터 흘러나온다는 진리를 종종 간과한다. 사람들은 거울 속 모습에 집착하고, 남들의 시선 속에서 자신을 규정하려 애쓰지만, 그로 인해 자신만의 존재 가치는 왜곡되고, 삶의 에너지는 점점 메말라 간다.

그러나 성경은 분명히 말한다. "사람은 외모를 보거니와 여호와는 중심을 보시느니라."(사무엘상 16:7) 진정한 인생의 빛은 중심, 곧 '내면'에서 시작된다. 영성미인교회는 이 시대에 필요한 아름다움은 바로 이 내면에서 빛나는 삶의 회복이라고 선포한다.

1. 빛나는 인생은 내면의 상태에서 비롯된다

한 사람의 얼굴을 보면, 그 사람의 감정 상태, 생각의 습관, 삶의 방향성이 그대로 드러난다. 표정과 눈빛, 말투, 자세는 단순히 외형이 아니라 내면의 상태를 반영하는 거울이다. 얼굴이 밝고 생기 있을 때, 그것은 단지 피부 상태가 좋은 것이 아니라, 마음이 평화롭고,

삶에 감사와 기쁨이 충만하다는 증거이다.

내면의 평안과 사랑, 기쁨과 자존감은 신경계와 면역계, 호르몬 분비를 조절하며, 얼굴 근육의 이완과 자연스러운 미소를 유도한다. 이는 의학적·심리학적으로도 증명된 사실이다. 뇌과학은 "긍정적 감정이 얼굴 표정과 생리적 건강에 직접적 영향을 미친다"고 말한다.

2. 성령으로 충만한 내면은 얼굴을 빛나게 한다

빛나는 얼굴의 핵심은 '성령의 충만함'이다. 모세는 하나님을 만나고 난 후 얼굴에 광채가 났으며(출 34:29), 예수님은 변화산상에서 얼굴이 해처럼 빛났다고 성경은 증언한다(마 17:2). 이는 단순한 상징이 아니다. 성령의 임재는 우리의 존재 전체에 영향을 주며, 그 에너지가 얼굴로 흘러나오고 온몸을 관통하며 사람을 변화시킨다.

기도와 찬양, 말씀 묵상과 안수는 영혼의 깊은 차원을 열고, 하나님의 생명력이 내면에 흘러들게 한다. 그리고 그 성령의 에너지는 얼굴에 평화와 기쁨, 생명력과 신뢰의 인상을 만들어 낸다. 이러한 변화는 피부의 톤, 표정의 부드러움, 눈빛의 생기에서 분명하게 나타난다.

3. 내면의 빛은 '자기 정체성의 회복'에서 출발한다

내면에서 빛나는 인생이란, 타인의 기준이 아닌 하나님의 시선으로 자신을 바라보고 사랑하는 사람의 삶이다. 하나님 안에서 나의 존재는 존귀하며, 나는 하나님의 형상대로 지음받은 아름다운 작품이다. 이 진리를 믿고 받아들일 때, 우리는 타인의 시선을 두려워하지 않고, 자기를 온전히 받아들이며, 당당하게 살아갈 수 있다.

이 자존감은 외적인 꾸밈이 주는 임시적 안정감과는 비교할 수 없는 깊은 평안과 자유를 준다. 그 자유는 얼굴에 나타나고, 삶의 모든 관계에서 빛을 발한다. 내면의 빛은 곧 정체성의 빛이며, 자존의 에너지다.

4. 영성미인교회는 '빛나는 내면'을 실현하는 공동체다

영성미인교회는 화장이나 시술, 성형만으로는 절대 얻을 수 없는 '존재의 빛'을 회복하는 얼굴공동체이다. 우리는 성경적 말씀과 기도, 명상, 찬양, 과학적 건강관리, 뇌과학 기반의 감정 회복 훈련, 긍정 언어 실천 등을 통해 사람의 내면을 깨우고, 성령의 생명력을 회복시키며, 얼굴과 삶에 빛이 흐르게 한다.

이러한 통합적 영성 훈련은 단순한 종교 생활을 넘어서, 삶 전체를 바꾸는 실제적 변화로 이어진다. 그리고 그 변화는 피부, 눈빛, 말투, 존재의 아우라에서 구체적으로 드러난다.

5. 결론: 내면의 빛이 얼굴을 바꾸고, 인생을 바꾼다

진정한 아름다움은 내면에서 시작되어 얼굴로 흐르고, 삶 전체로 확장된다. '내면에서 빛나는 인생'은 영혼이 성령으로 채워질 때 실현된다. 영성미인교회는 바로 이 삶을 가르치고, 훈련하고, 함께 실천하는 거룩한 공동체이다.

이제 우리는 외모를 넘어서 존재 전체가 아름답고 젊고 건강해지는 길로 나아갈 수 있다. 그 시작은 내면에서 빛나는 삶을 선택하는 것이다.

10장

아름다울 美의 성경적 근거

'아름다움'과 '빛나는 얼굴'의 영성

우리는 흔히 "아름다움"을 외모나 형태로 이해하지만, 성경에서 말하는 아름다움은 단순한 외형의 조화만이 아니라 존재의 깊이에서 나오는 하나님의 형상과 임재의 빛남에 가까운 개념이다. 인간은 하나님의 형상대로 지음을 받았으며(창세기 1:27), 본질적으로 '영광'과 '아름다움'을 담은 존재이다. 특히 성경은 "얼굴의 빛남"을 영성의 상태와 밀접하게 연결하고 있다.

1. 모세의 얼굴: 임재의 빛이 드러난 얼굴

출애굽기 34장 29절은 이렇게 기록한다. "모세가 그 증거의 두 돌판을 모세의 손에 들고 시내산에서 내려오니… 그가 여호와와 말하였으므로 말미암아 얼굴 피부에 광채가 나나 깨닫지 못하였더라."

이 장면은 인간이 하나님의 임재와 교제를 경험할 때 그 영적 경험이 물리적 얼굴에도 영향을 미친다는 매우 놀라운 사건이다. 모세는 단지 내적으로 은혜를 받은 것만이 아니라, 실제로 그의 얼굴에 '빛'이 나타났다. 이는 단순한 상징이 아니라 하나님의 에너지가 사람의 물리적 몸과 외모에까지 실제로 영향을 준다는 것이다.

2. 예수님의 얼굴: 변화산의 영광과 빛

마태복음 17장 2절은 변화산에서 예수님께 일어난 놀라운 변화를 다음과 같이 묘사한다.

"그들 앞에서 변형되사 그 얼굴이 해같이 빛나며 옷이 빛과 같이 희어졌더라."

이 장면에서 예수님의 얼굴이 '해같이 빛났다'는 표현은, 예수님이 본질적으로 하나님의 영광을 담고 있었으며, 그것이 어떤 순간에 외형으로까지 드러났다는 것을 의미한다. 이 역시 영성, 즉 하나님의 영의 충만함이 얼굴에 '빛'으로 드러나는 매우 중요한 신학적 기초이다.

3. 얼굴의 빛은 은혜와 평강의 상징

민수기 6장 24-26절은 우리가 잘 아는 축복 기도문을 전한다.
"여호와는 네게 복을 주시고 너를 지키시기를 원하며,
여호와는 그의 얼굴을 네게 비추사 은혜 베푸시기를 원하며,
여호와는 그 얼굴을 네게로 향하여 드사 평강 주시기를 원하노라."
하나님께서 얼굴을 '비춘다'는 표현은 단순한 시선이 아니라, 하나님의 영광과 생명, 사랑과 능력이 그 사람의 존재에 임한다는 뜻이

다. 이것은 곧 하나님의 얼굴이 빛나는 것과 인간의 얼굴이 빛을 받는 것이 연결되어 있다는 것을 말해 준다. 하나님의 얼굴이 우리에게 비추어질 때, 우리의 존재와 얼굴 역시 밝아지고 변화된다.

4. 영성은 얼굴로 흐른다

성경은 영적인 상태가 얼굴에 드러난다고 반복해서 강조한다. 지혜로운 자는 사나운 얼굴이 광채로 빛나며(전도서 8:1), 마음의 즐거움은 얼굴을 빛나게(잠언 15:13) 한다고 말한다. 이것은 곧 인간의 영혼 상태와 감정이 얼굴의 에너지와 표정, 생김새에 영향을 준다는 것을 성경이 이미 수천 년 전에 말하고 있음을 보여 준다.

현대의 뇌과학과 심리학, 양자물리학은 이를 뒷받침한다. 감사, 기도, 명상, 기쁨, 사랑과 같은 긍정적 감정은 뇌의 신경회로를 재조직하고, 세포와 호르몬, 면역계, 심장 박동까지 변화시키며, 그 영향은 자연스럽게 얼굴에 나타난다. 반대로 두려움, 미움, 불안, 수치심, 질투, 분노와 같은 감정은 얼굴을 경직시키고, 혈색을 잃게 하며, 주름과 노화를 앞당긴다.

5. 영성미인의 비전: 하나님의 얼굴을 닮은 빛나는 얼굴

따라서 영성미인교회는 단순히 예뻐지기 위한 교회가 아니다. 우리는 성령 안에서 하나님의 임재를 체험하고, 그분의 생명과 광채가 얼굴로 흘러나오게 하는 것을 목표로 한다. 얼굴은 단지 육체의 일부가 아니라, 영성의 통로이며, 하나님을 닮은 얼굴은 이 시대에 가장 아름다운 증거가 된다.

영성미인이란 외모를 과하게 꾸미는 사람이 아니라, 내면이 하나님으로 채워져 자연스럽게 얼굴이 빛나는 사람이다. 우리는 기도와 찬양, 말씀과 안수, 호흡과 명상, 감사와 나눔의 실천을 통해 내면의 영성이 얼굴로 흘러가도록 돕는다.

6. 결론: 아름다움과 빛나는 얼굴은 영성의 열매이다

성경은 분명히 말한다. 하나님의 임재는 얼굴을 변화시킨다. 진정한 아름다움은 메이크업이 아니라, 내면에서 성령이 흐를 때 자연스럽게 흘러나오는 광채이다. 그리고 그 빛나는 얼굴은 이 어두운 시대에 하나님의 살아 계심을 드러내는 표적이 된다.

이제는 외적인 아름다움만을 좇는 시대를 넘어서야 한다. 우리는 얼굴로 하나님을 예배하고, 존재 전체로 하나님을 반영하는 '빛나는 영성미인'으로 부름 받았다.

하나님이 보시기에 심히 아름다웠더라

"하나님이 그 지으신 모든 것을 보시니 보시기에 심히 좋았더라."
— 창세기 1장 31절

이 짧은 한 구절은 인간 존재와 아름다움에 대한 성경의 가장 근원적인 선언이다. 하나님은 천지창조를 마치신 후, 특별히 인간을 창조하신 직후 "보시기에 심히 좋았더라"고 평가하셨다. 이는 단지 기능적 완전함만이 아니라, 존재의 조화, 생명의 에너지, 영적 본질까지 아우르는 '심히 아름다운 상태'를 의미한다.

1. 창조된 존재로서의 본래적 아름다움

하나님은 인간을 단순한 생물학적 개체로 창조하지 않으셨다. "하나님의 형상대로"(창 1:27) 사람을 지으셨다는 것은, 인간 존재에 하나님의 성품, 지성, 감정, 영성, 창조성, 관계성이 모두 담겨 있음을 뜻한다. 그리고 이 형상은 본래적으로 '아름다움'을 품고 있다.

여기서 말하는 '심히 아름다움'은 인간 존재 전체에 대한 하나님의 깊은 감탄과 사랑의 표현이다. 피부, 눈동자, 호흡, 걸음걸이, 웃음, 목소리 하나하나에 창조주의 예술성과 섬세함이 스며 있다. 인간의 외모만이 아니라, 감정의 깊이, 관계를 맺는 능력, 기도하는 영혼, 창조적인 생각 모두가 하나님 보시기에 아름답다는 것이다.

2. 왜곡된 아름다움: 타락 이후의 상실

그러나 타락 이후 인간은 본래의 아름다움을 잃기 시작했다. 죄는 관계(인간-하나님, 인간-자연, 인간-인간, 몸-마음)를 깼고, 수치심은 몸을 숨기게 만들었으며, 두려움은 존재의 빛을 가리게 했다. 외모는 꾸밈과 비교의 대상이 되었고, 영혼은 두려움과 수치로 가려졌다. <u>인간은 더 이상 자신이 하나님의 형상임을 자각하지 못한 채, 다른 사람의 시선을 통해 자신의 가치를 평가하게 되었다.</u>

<u>그 결과, 외모지상주의와 비교의식, 성형 중독, 자존감 결핍, 영성의 빈곤이라는 현대 사회의 병리적 현상이 나타나게 되었다.</u> 이는

단지 문화의 문제나 미디어의 영향이 아니라, 영적 빈곤과 영적 정체성의 상실이 가져온 결과이다.

3. 회복된 아름다움: 예수 그리스도 안에서의 새로운 피조물

그러나 복음은 말한다. "누구든지 그리스도 안에 있으면 새로운 피조물이라. 이전 것은 지나갔으니 보라 새 것이 되었도다."(고린도후서 5:17)

예수 그리스도 안에서 우리는 본래의 '심히 아름다운 존재'로 회복된다. 죄와 수치의 가림막이 제거되고, 성령의 임재로 인해 다시 빛나는 얼굴, 자유로운 삶, 기쁨과 평강이 넘치는 존재로 살아갈 수 있다. 이것이 바로 '영성미인'의 본질이다.

<u>영성은 단지 종교적 활동이나 경건한 자세를 말하지 않는다. 영성은 존재의 뿌리이며, 하나님의 생명력이 나를 통과해 흐르는 상태이다.</u> 이 영성이 회복되면, 얼굴은 빛나고, 눈빛은 생기를 띠며, 표정은 온유해지고, 자세와 말투는 생명력과 존엄을 담게 된다.

4. 하나님 보시기에 아름다운 사람은 누구인가?

성경은 외모보다 중심을 보신다고 분명히 말한다(삼상 16:7). 그러나 여기서 중심이란 단지 마음속 동기만을 의미하는 것이 아니다. 그것은 하나님의 형상을 닮은 존재로서의 나 자신을 어떻게 인식하고 사느냐에 관한 전인적 태도이다.

하나님 보시기에 아름다운 사람은 다음과 같다.

- 하나님과의 관계 안에서 자신을 사랑하는 사람

- 타인과 비교하지 않고, 감사함으로 자신을 받아들이는 사람
- 긍정과 기쁨의 감정을 선택하는 사람
- 성령의 열매(사랑, 기쁨, 평안 등)를 삶으로 나타내는 사람
- 기도와 말씀을 통해 내면을 밝히는 사람
- 아름다움을 타인에게 흘려보내는 사람

5. 영성미인교회: 하나님 보시기에 아름다운 사람을 세우는 교회

영성미인교회는 성형과 꾸밈, 외적인 아름다움만을 강조하는 세상의 문화에 반하여, 하나님이 처음에 보시며 기뻐하셨던 '심히 아름다운 존재'로서의 정체성과 영성을 회복하는 공동체이다.

우리의 목표는 사람을 예쁘게 만드는 것이 아니라, 하나님 앞에서 본래의 아름다움을 회복하게 하는 것이다. 그 아름다움은 나이, 피부색, 얼굴형을 넘어서 존재의 빛과 영성의 향기로 드러난다.

기도와 말씀, 찬양과 성령의 기름 부음, 감사와 긍정, 과학적 건강 실천은 이 아름다움을 회복하는 통로가 된다. 그리고 이 과정을 통해 사람은 다시 하나님 보시기에 "심히 아름답다"는 선언을 자신의 삶 가운데 듣게 된다.

6. 결론: 당신은 하나님 보시기에 '심히 아름다운 존재'입니다

이 말은 과장이 아니라, 창조주 하나님의 본심이며, 복음의 출발점이다. 당신의 존재는 외모의 조건이 아니라, 하나님의 형상 그 자체로 아름답다. 그 아름다움을 회복하고, 빛나게 하는 삶. 그것이 영성미인의 삶이며, 영성미인교회의 사명이다.

얼굴은 마음과 영혼의 거울

"마음의 즐거움은 얼굴을 빛나게 하여도 마음의 근심은 심령을 상하게 하느니라."
— 잠언 15:13
"사람의 지혜는 그의 얼굴에 광채가 나게 한다."
— 전도서 8:1

이 두 구절은 얼굴이 단지 외적인 피부나 구조가 아니라, 인간 내면의 상태, 곧 마음과 영혼의 거울이라는 성경적 진리를 선포하고 있다. 얼굴은 그 사람의 현재 상태뿐 아니라 살아온 방향, 축적된 감정, 자존감의 수준, 영적 상태까지 반영한다. 다시 말해, 얼굴은 단순한 생물학적 기관이 아니라 '정신과 영성의 스크린'이며, 하나님과의 관계, 자아 인식, 감정의 흐름, 기도와 말씀의 삶이 반영되는 창(窓)이다.

1. 얼굴은 감정의 반영이다

사람의 감정은 얼굴을 통해 즉각적으로 표현된다. 기쁨은 웃음과 빛나는 눈동자로, 분노는 찌푸린 이마와 경직된 턱으로, 두려움은 눈의 긴장과 입술의 떨림으로 드러난다. 뇌과학적 연구에 따르면, 감정을 관장하는 편도체(amygdala)와 얼굴 근육을 조절하는 뇌 부위는 밀접하게 연결되어 있으며, 지속된 감정 습관은 얼굴의 주름, 근육 구조, 표정 패턴을 형성한다.

성경은 이를 지혜롭게 통찰한다. "즐거운 마음은 얼굴을 빛나게 한다." 이는 내면의 감정이 얼굴의 피부와 근육, 눈빛에 긍정적인 생기를 불어넣는다는 의미이다. 그 반대도 성립된다. 근심과 염려가 오래되면 얼굴은 어두워지고, 생기를 잃으며, 나이보다 늙어 보인다. 이것이 바로 얼굴이 마음의 거울인 이유이다.

2. 얼굴은 영혼의 상태를 드러낸다

사람의 영혼은 얼굴에 깊이 스며 있다. 악한 생각을 품고 사는 사람은 점점 눈빛이 흐려지고 표정이 어두워지며, 사랑과 기쁨으로 살아가는 사람은 얼굴이 환해지고 온화해진다. 이는 단순한 인상이 아니라, 실제 에너지의 흐름, 신경계의 패턴, 피부세포의 반응으로 나타난다.

모세가 하나님의 임재를 경험한 후 그의 얼굴에 광채가 났다는 출애굽기 34장의 기록은 이를 극명하게 보여 준다. 이는 상징이 아니라 실재였다. 하나님과의 깊은 영적 교감은 영혼의 깊이를 밝히고, 그 에너지가 얼굴을 통해 세상에 드러나는 것이다.

기도와 묵상, 감사와 찬양, 긍정적인 마음가짐은 모두 영혼의 상태를 정화시키고 치유하며, 그 결과는 얼굴에 자연스러운 평온과 생기로 나타난다. 이것이 바로 '영성미인의 얼굴'이 가지는 본질이다.

3. 얼굴은 하나님의 임재를 반사하는 통로이다

민수기 6장 25절은 말한다. "여호와는 그의 얼굴을 네게 비추사 은혜 베푸시기를 원하며…" 하나님은 얼굴을 통해 은혜를 주시고, 빛을 비추신다. 그 빛을 받은 사람은 얼굴로 그 빛을 다시 반사한다.

<u>하나님과의 만남은 얼굴의 영적 구조를 변화시킨다. 성령이 임하면 얼굴은 더욱 맑아지고, 눈은 빛나며, 말투는 부드러워지고, 존재 전체에서 하나님의 평강이 흐르게 된다.</u> 이와 같은 변화는 단지 종교적 분위기가 아니라, 실제 뇌파와 호르몬, 세포, 면역계, 자율신경계에 이르기까지 일어나는 전인적 변화이다.

4. 영성은 얼굴을 새롭게 한다

영성미인은 단지 예쁜 사람이 아니다. 그는 내면이 성령으로 채워져 얼굴을 통해 하나님을 드러내는 사람이다. 영성미인교회는 바로 이 얼굴의 회복, 즉 영혼과 마음의 회복을 통해 얼굴을 밝히는 사역을 지향한다.

- 기도는 영혼을 밝히고 얼굴을 변화시킨다.
- 찬양은 마음을 해방시키고 미소를 회복시킨다.
- 말씀이 내면에 심기면, 그 진리는 눈빛과 표정에 생기를 준다.
- 사랑은 얼굴에 따뜻한 에너지를 흐르게 한다.

이러한 영성훈련은 단순한 성격 개선이나 심리상담이 아니라, 하나님의 생명력이 얼굴로 흐르게 하는 성령의 역사이다.

5. 결론: 거울을 보기 전에 내면을 먼저 보라

진정한 얼굴의 변화는 내면의 변화에서 시작된다. 우리가 얼굴을 통해 비치는 영혼을 돌볼 때, 외모는 자연스럽게 빛나게 된다. 하나님은 우리의 얼굴을 통해 그분의 사랑과 생명, 평강을 세상에 전하고자 하신다.

이제 거울 앞에서 단지 겉모습을 고치기보다, 마음을 다스리고 영혼을 밝히는 삶을 살아가자. 그러면 우리의 얼굴은 점점 더 빛나고, 영혼은 하나님의 형상으로 회복되며, 우리가 가는 곳마다 '얼굴의 복음'이 전파될 것이다.

11장

영성미인교회의 비전

늙지 않고 아름답게 사는 삶

"내 청춘을 독수리 같이 새롭게 하시는도다."
— 시편 103:5

  인간은 누구나 늙는다. 그러나 모두가 동일하게 늙지 않는다. 어떤 이는 육체보다 먼저 정신과 영혼의 노화가 시작되며 육체의 노화와 활력이 급격히 떨어지고 어떤 이는 흘러가는 세월을 비웃듯 노년에도 젊음과 생기를 유지한 채 아름답고 존귀하게 늙어간다. 영성미인교회는 바로 이 "늙지 않고 더 젊어지는 삶"의 가능성과 실천을 선포하고, 영성과 과학의 통합적 기반 위에서 그 길을 제시하고자 한다.

1. 늙지 않는 삶은 무엇을 의미하는가?

  '늙지 않는다'는 말은 단지 주름이 없고 몸이 늙지 않는다는 의미가 아니다. 그것은 '노화의 속도와 방향을 의식적으로 조절하고', '나이듦 가운데에서도 생명력과 기쁨, 젊은 감각, 맑은 영혼 그리고 탄력 있는 피부와 근육을 유지하는 삶'을 의미한다. 곧 다음과 같은 삶이다.

- 마음이 기쁘고 유쾌하며 감사함을 잃지 않는 삶
- 얼굴이 평안과 환한 기운을 머금고 있는 삶
- 영혼이 하나님의 은혜 안에 충만한 삶
- 몸이 가볍고 생기가 돌며, 병보다 치유의 흐름이 강한 삶
- 타인을 사랑하며 존재 자체가 치유가 되는 삶
- 그리고 근육과 피부도 탄탄한 매력의 육체

이것이 바로 영성미인이 지향하는 '매력적인 인생'이다.

2. 늙음의 세 가지 핵심 축: 세포, 감정, 영성

현대의학과 뇌과학, 분자생물학은 노화를 다음의 세 축에서 이해한다.

① 세포의 노화: 텔로미어 단축, 산화 스트레스, 유전자 손상
② 감정의 혼란: 불안, 우울, 스트레스에 의한 자율신경계의 파괴
③ 영성의 결핍: 삶의 목적 상실, 사랑의 단절, 내면의 공허

반대로, 텔로미어를 회복시키고 면역계와 뇌를 젊게 유지하며 삶에 생명력을 주는 항노화의 핵심 요소는 감사, 기도, 사랑, 명상, 기쁨, 관용, 자기 수용, 말씀과의 교제와 같은 '영성적 삶의 태도'다.

따라서 "늙지 않고 더 젊어지는 삶"은 단순한 건강관리나 미용이 아니라, 전인적 생명과학이며 성경적 영성의 실천이다.

3. 성경이 말하는 젊은 삶의 비밀

성경은 나이와 상관없이 새로운 젊음과 생명을 회복하는 삶의 가능성을 다음과 같이 선언한다.

- "좋은 것으로 네 소원을 만족하게 하사 네 청춘을 독수리 같이 새롭게 하시는도다."(시 103:5)
- "하나님은 날마다 우리 짐을 지시는 구원의 하나님이시로다." (시 68:19)
- "우리의 겉사람은 후패하나 우리의 속사람은 날로 새로워지도다." (고후 4:16)

이러한 말씀은, 우리의 영혼이 하나님의 생명으로 충만해질 때, 나이와 육체적 상황을 넘어서는 새로운 젊음이 내면에서부터 솟구친다는 진리를 말한다.

4. 아름다움은 영혼의 빛에서 시작된다

진정한 아름다움은 단지 외모의 비율이나 피부의 윤기가 아니다. 그것은 다음에서 시작된다.

- 하나님과 연결된 영혼의 만족, 감사, 기쁨, 평화
- 자연과 사람을 향한 사랑과 배려
- 얼굴에 흐르는 성령의 빛과 생기

- 진리로 정결해진 생각과 언어 습관

이 모든 것이 얼굴을 밝히고, 기운을 맑게 하며, 몸의 에너지 흐름을 고르게 하여, 세포까지 젊어지게 한다. '내면의 빛이 얼굴로 흐를 때' 외모의 신비로운 아름다움은 항노화 영성의 실제이다.

5. 영성미인교회의 사명: 젊고 아름다운 인생을 회복시키는 것

영성미인교회는 단순한 교회가 아니다. 우리는 성경적 말씀과 성령의 역사, 뇌과학과 세포생물학, 마음훈련과 안수·호흡·기도·감사·찬양 등을 통합하여 늙지 않고 아름답게 사는 삶의 길을 학습하고 실현하는 실천 공동체이다.

이 교회는 다음과 같은 사람을 세운다.
- 내면이 맑고 얼굴이 빛나는 사람
- 영혼이 평안하며 표정이 온유한 사람
- 삶의 목적과 방향이 뚜렷하며 존재가 젊은 사람
- 자신을 사랑하고 타인을 축복하는 사람
- 나이가 들어도 기쁘고 당당하며 생명력 있는 사람

6. 결론: 이제 당신의 삶은 '늙지 않는 영혼의 여정'으로 바뀌어야 한다

누구나 나이를 먹는다. 그러나 모두가 늙는 것은 아니다. 육체보다 먼저 늙는 것이 영혼이며, 가장 먼저 병드는 것은 생각과 감정이다. 그러나 하나님은 우리를 "청춘처럼 새롭게" 하시고, "영혼이 잘됨같이 범사가 잘되고 강건하게" 하신다. (요한삼서 1:2).

<u>이제 우리에게 필요한 것은 먼저 영성이다. 내면을 먼저 치유하고, 기쁨을 회복하며, 말씀이 얼굴을 밝히게 하는 삶. 그것이 바로 늙지 않고 아름답게 사는 비밀이며, 영성미인교회의 비전이자 초대이다.</u>

"당신은 나이가 들수록 더 아름다워질 수 있다.
왜냐하면
당신 안에 창조의 영이 살아 있기 때문이다."

'몸 · 마음 · 영'의 조화와 치유

"평강의 하나님이 친히 너희를 온전히 거룩하게 하시고, 또 너희의 온 영과 혼과 몸이 우리 주 예수 그리스도 강림하실 때까지 흠 없이 보존되기를 원하노라."
— 데살로니가전서 5:23

1. 총체적 인간관: 인간은 '몸 · 마음 · 영'의 통합된 존재

현대사회는 인간을 분절적으로 이해하고 다룬다. 의학은 신체를 질병 단위로 분리하여 치료하고, 심리학은 정신을 분석하며, 종교는 영혼의 구원만을 다룬다. 그러나 성경은 인간을 '온 영과 혼과 몸'으로 일관되게 통합된 존재로 말한다. 즉, <u>인간은 육체, 감정과 의지, 그리고 영적 본질이 긴밀히 연결된 유기체이며, 어느 하나가 무너지면 전인이 함께 무너지는 것은 진리이며 과학이다.</u>

2. 몸과 마음과 영은 어떻게 연결되어 있는가?

- 몸(Body)은 우리의 물리적 그릇이며, 세상과 접촉하는 도구이다. 식습관, 운동, 수면, 호흡, 자세, 미용 상태 등이 여기에 포함된다.
- 마음(Mind)은 생각, 감정, 의지의 중심이다. 스트레스, 불안, 자존감, 인간관계, 기분 등이 여기에 속한다.
- <u>영(Spirit)은 신(GOD)과의 연결지점이자 존재의 뿌리이다. 생명력, 존재의 의미, 사랑, 성령의 임재, 감사, 믿음의 상태가 이 차원에서 결정된다.</u>

이 셋은 결코 분리되지 않는다. 예를 들어, 마음의 두려움은 자율신경계에 영향을 주어 위장을 수축시키고 얼굴을 창백하게 만들며, 영의 공허함은 무기력한 삶의 태도와 만성 염증을 유발할 수 있다. 반대로 영이 깨어 있고 평안할 때, 마음은 안정되고 몸은 자연스럽게 회복된다.

3. 조화와 치유의 흐름을 어떻게 회복할 것인가?

영성미인교회는 다음의 실천을 통해 몸·마음·영의 조화를 회복하고 치유의 길로 인도한다.

1) 말씀으로 영혼을 정렬시키기

하나님의 말씀은 진리의 빛으로 우리의 영혼을 밝히고, 정체성을 회복시키며, 마음에 평강을 준다.

"주의 말씀은 내 발에 등이요, 내 길에 빛이니이다."(시 119:105)

2) 기도와 찬양으로 마음을 치유하기

기도는 감정을 다스리고, 찬양은 억눌린 감정과 부정적 에너지를 해방시키며, 감사는 뇌의 신경회로를 회복한다. 감정의 순화는 마음을 가볍게 하고, 표정을 맑게 하며, 표정은 다시 몸의 생리 기능에 긍정적 변화를 준다.

3) 성령 안에서 몸을 돌보기

영성은 몸을 무시하지 않는다. 오히려 하나님의 성전으로서 몸을 존중하고, 정직하게 가꾸며, 바르게 사용하는 것이 곧 영성의 실천이다. 운동, 안수, 호흡기도, 건강한 식사, 절제된 생활이 모두 '성령의 전'으로서 몸을 관리하는 영적 행위이다.

4) 사랑의 관계 안에서 전인적 회복 이루기

사랑은 최고의 치유 에너지이다. 사랑은 옥시토신과 세로토닌을 증가시키고, 면역계를 강화하며, 정서적 안전감을 부여한다. 사람과의 건강한 연결, 공동체 안에서의 수용과 축복은 존재 전체의 조화를 이루게 한다.

4. 아름다움은 조화에서 온다

조화는 곧 아름다움이다. 몸이 균형 잡히고, 마음이 밝으며, 영혼이 충만할 때, 그 사람의 존재 전체가 아름다워진다. 이는 단순히 외모의 정형성을 말하는 것이 아니다. 얼굴의 부드러운 표정, 눈빛의 맑음, 언어의 따뜻함, 행동의 여유로움 — 이들이 영성적 조화에서 오는 내면의 아름다움이다.

이 조화는 미용과 성형 시술로 만들어지는 것이 아니다. 기도, 말씀, 건강한 생활 습관, 공동체의 사랑, 성령의 내주하심 속에서만 지속적으로 흘러나온다.

5. 영성미인교회의 비전: 전인적 회복과 항노화의 통합

영성미인교회는 단순히 '예쁘고 젊게 보이는 사람'을 만드는 곳이 아니다. 우리는 하나님의 형상을 따라, 몸과 마음과 영이 모두 건강하고 아름다운 사람을 세우는 공동체이다.

- 몸은 생명력 있고 얼굴은 활력 넘치게
- 마음은 밝고 유연하게
- 영은 깨어 있고 충만하게

이러한 사람은 나이가 들어도 아름답고, 세월이 흘러도 존귀하며, 늙어 갈수록 향기로운 삶을 살아간다. 이것이 영성미인교회의 비전이며, 이 시대의 모든 이들을 향한 하나님의 초청이다.

성령과 과학의 만남을 통한 변화

"하나님의 영은 모든 것을 통달하시나니 곧 하나님의 깊은 것이라

도 통달하시느니라."

— 고린도전서 2:10

1. 왜 성령과 과학이 만나야 하는가?

21세기 인류는 과학기술의 발전으로 이전 시대와는 비교할 수 없는 수명, 편의, 건강 정보를 누리고 있다. 그러나 역설적으로, 인간은 점점 더 영적으로 공허해지고, 정체성은 흔들리며, 외모에 대한 집착과 불안은 심화되고 있다. 이는 과학과 기술이 '삶의 외면'은 해결해 주었지만, '삶의 본질과 존재의 의미'는 채워 주지 못하기 때문이다.

반면, <u>성령은 인간의 영혼을 치유하고, 삶의 의미를 회복시키며, 존재 자체를 아름답게 만드는 하나님의 실재이자 능력이다.</u> 그러나 전통적 교회는 성령을 신비와 체험의 영역에 국한시켜, 실질적 일상과 과학적 언어로 연결하지 못함으로써 성령은 현대인에게 멀게만 느껴진다.

이제는 성령과 과학이 만나야 한다. 이는 곧 영성과학(Spiritual Science), 즉 성령의 능력과 뇌과학, 분자생물학, 양자물리학을 통합하여 인간 존재의 치유와 변화, 아름다움, 항노화를 실현하는 새로운 통합적 방향이다.

2. 성령은 삶의 에너지 필드를 바꾼다

성령은 하나님의 영이며, 생명의 근원이다. 성령이 임하면 사람의 내면에는 회개, 치유, 기쁨, 평안, 사랑, 겸손, 관용 등의 열매가 자라고, 이는 곧 얼굴의 표정과 피부, 말투, 생체 반응, 호르몬 분비, 면역 계에까지 영향을 준다.

- 심령의 회복은 뇌의 전두엽과 미주신경을 안정시키고, 세로토닌과 옥시토신 분비를 증가시켜 긍정적인 감정과 면역력을 상승시킨다.
- 성령 안에서의 기도, 찬양, 안수는 실제로 심장 박동을 조절하고, 스트레스 호르몬인 코르티솔을 낮추며, 면역수치를 높이며, 피부 재생과 장기 기능을 회복시킨다.
- 성령이 충만한 삶은 '의학적 데이터'에서 나타나는 수면의 질, 호흡의 안정, 세포 재생력의 증가, 항산화 작용의 증진을 수반한다.

이 모든 변화는 과학적으로 관찰 가능하며, <u>성령은 단순한 종교적 감정이 아니라 생리학적, 신경학적, 분자적 수준에서도 삶을 바꾸는 '에너지 필드'임이 증명되고 있다.</u>

3. 과학은 성령의 현상을 해석할 수 있다

현대 과학은 이제 '보이지 않는 에너지'와 '의식의 힘'을 다루기 시작했다. <u>양자물리학은 입자의 존재가 관측자에 따라 결정된다는 사실을 밝혔고, 뇌과학은 생각과 감정이 세포의 유전자 발현과 신체 반응에 영향을 준다는 것을 입증했다.</u>

- 기도는 뇌의 신경가소성을 촉진한다.
- 감사는 유전자 발현을 조절하고, 염증 단백질을 감소시킨다.
- 긍정적 언어와 이미지 명상은 피부의 자가재생을 활성화시킨다.

- 사랑의 마음은 심장 박동의 일관성을 높이고, 면역기능을 상승시킨다.

이러한 변화는 성령의 역사와 긴밀하게 맞물린다. 성령의 감동으로 변화된 마음, 말, 삶은 곧 과학이 측정할 수 있는 변화로 이어진다. 성령과 과학은 충돌하지 않으며, 오히려 서로를 확증하고 확장시킨다.

4. 통합이 이끄는 변화: 늙지 않고 아름다운 삶

성령과 과학의 만남은 "노화의 본질에 대한 재정의"를 가능케 한다. 영혼이 회복되고, 내면이 평강을 누리며, 몸이 건강해질 때, 얼굴은 빛나고, 피부는 생기를 회복하며, 존재 전체가 아름다워진다.
- 몸은 과학으로 돌보고
- 마음은 말씀과 기도로 치유하며
- 영혼은 성령의 임재로 새롭게 될 때

노화의 시계는 느려지고, 병은 치유되며, 아름다움은 내면에서부터 빛나게 된다. 이것이 바로 '영성 항노화'의 본질이며, 영성미인교회가 세상에 제시하는 삶의 대안이다.

5. 영성미인교회의 선언

영성미인교회는 다음을 믿고 선언한다.
- 우리는 성령과 과학의 통합 안에서 인간이 영혼적으로, 정서적

으로, 육체적으로 새로워질 수 있음을 믿는다.
- 우리는 말씀이 생명이고, 성령이 치유이며, 과학이 이를 입증하는 통로임을 확신한다.
- 우리는 늙지 않고 아름답게 사는 삶이 하나님의 창조적 질서 안에 있으며, 이를 실천하고 전파하는 사명이 있음을 안다.
- 우리는 이 시대에 필요한 것은 '성령과 과학의 통합적 회복'이라는 것을 선포한다.

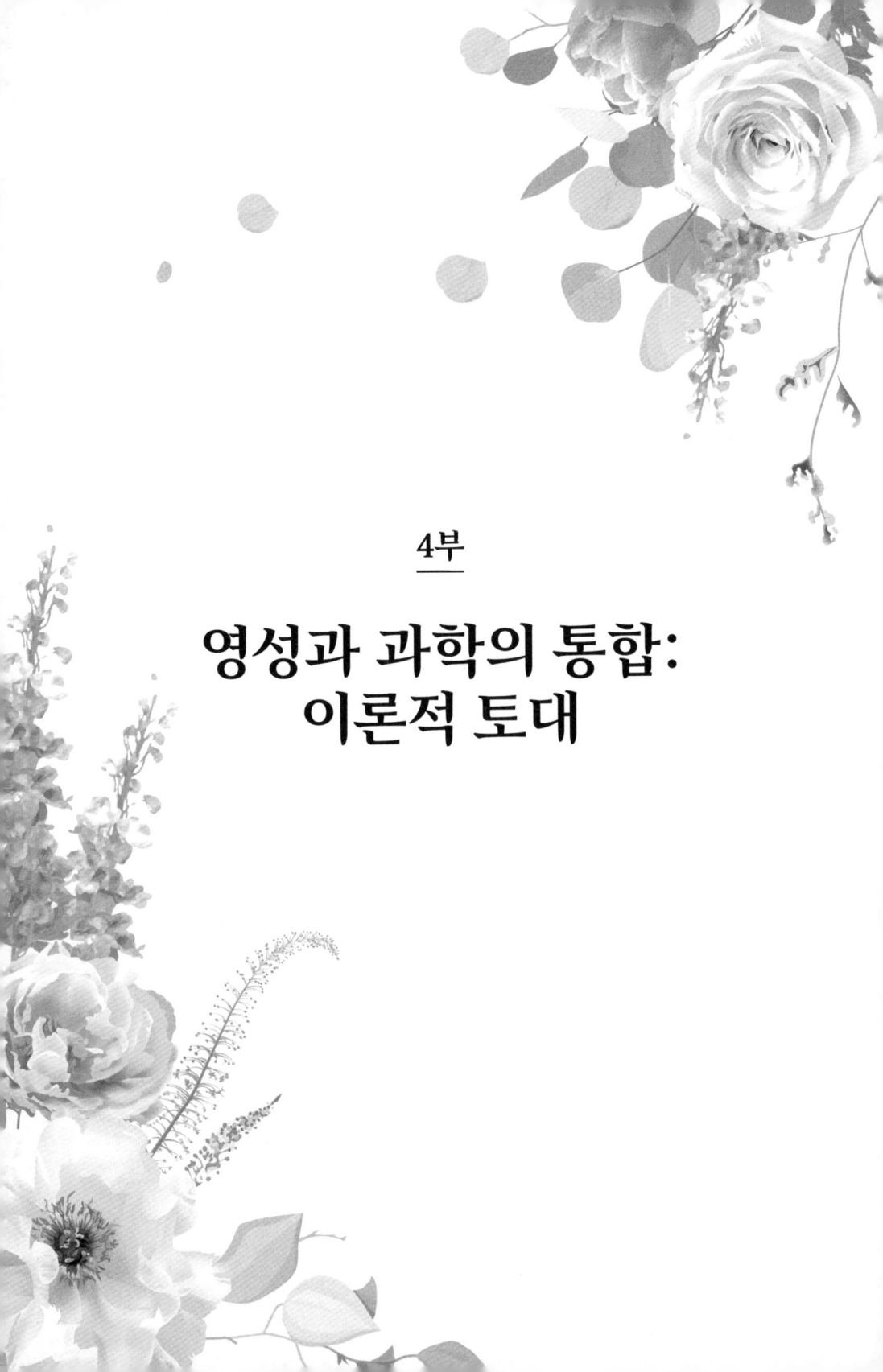

4부

영성과 과학의 통합:
이론적 토대

12장

뇌과학과 영성: 생각, 감정, 믿음의 작용

신경회로와 기도, 명상의 관계

"너희는 이 마음을 품으라 곧 그리스도 예수의 마음이니."
— 빌립보서 2:5

1. 인간의 뇌는 변화할 수 있다: 신경가소성의 발견

불과 수십 년 전까지만 해도, 과학은 인간의 뇌가 성인이 되면 더 이상 변화하지 않는다고 여겼다. 그러나 최근 뇌과학은 이러한 기존의 통념을 깨뜨렸다. 신경가소성(neuroplasticity) — 즉, 뇌는 새로운 경험, 감정, 생각, 습관, 훈련을 통해 언제든지 구조와 기능을 변화시킬 수 있다는 사실이 밝혀진 것이다.

기도와 명상은 바로 이러한 신경회로의 변화를 유도하는 강력한 방법이다. 뇌는 반복되는 경험을 따라 새로운 회로를 형성하고, 불필요하거나 부정적인 회로는 약화시키며, 기도와 명상은 긍정적 사고방식과 평온한 감정 상태를 지속적으로 유지하는 매우 효과적인 수단이다.

2. 기도와 명상이 작용하는 뇌의 영역

- 전전두엽(prefrontal cortex): 이 부위는 집중력, 판단력, 감정 조절과 관련이 있으며, 기도와 명상 중에 가장 활성화된다. 이 부위가 발달할수록 평온하고 성숙한 성격, 안정된 정서, 긍정적인 사고가 형성된다.
- 측좌전두피질(ACC, anterior cingulate cortex): 감정 조절, 자기 통찰, 공감 능력에 중요한 영역이다. 명상과 기도는 이 부위를 강화하여 타인에 대한 연민, 자비, 이해, 용서를 가능하게 한다.
- 편도체(amygdala): 공포, 불안, 위협에 대한 반응을 담당하는 영역으로, 스트레스와 관련이 깊다. 기도와 명상은 편도체의 과잉 반응을 감소시키고, 마음을 평온하게 만들어 준다.
- 해마(hippocampus): 기억과 학습, 감정 안정에 핵심적인 역할을 한다. 규칙적인 기도와 명상은 해마의 회색질을 증가시키고, 감정적 안정성을 향상시킨다.

3. 기도는 뇌의 구조를 바꾼다

하버드 의대, UCLA, 펜실베이니아 대학의 뇌영상 연구에 따르면, 8주간의 기도와 명상 훈련을 통해 다음과 같은 신경학적 변화가 관찰되었다.

- 부정적인 생각을 반복하는 뇌 회로가 약화됨

- 집중력과 통찰력을 담당하는 영역이 강화됨
- 자율신경계의 균형이 회복되어 심장 박동과 혈압이 안정됨
- 세로토닌, 도파민 등 행복을 유도하는 신경전달물질의 증가
- 뇌 속 염증 반응과 스트레스 호르몬인 코르티솔의 감소

즉, 기도와 명상은 단지 '영적인 행위'가 아니라, 뇌의 구조를 변화시키고 생리학적 치유를 일으키는 실질적이고 과학적인 행위임이 입증되고 있다.

4. 믿음, 이미지, 말의 힘 — 뇌를 새롭게 하라

"너희는 이 세대를 본받지 말고 오직 마음을 새롭게 함으로 변화를 받아…"

— 로마서 12:2

기도와 명상은 단순히 조용히 앉아 있는 시간이 아니다. 그것은 내면의 세계를 '하나님의 말씀', '감사', '빛', '사랑'과 같은 긍정적 에너지로 재구성하는 시간이며 뇌의 회로를 다시 설계하는 거룩한 건축의 시간이다.

믿음은 뇌 안의 확신 회로를 강화하며, 감사는 전두엽의 연결을 풍성하게 하고, 찬양은 감정 중추와의 조화를 통해 에너지장을 높이며, 하나님의 말씀은 사고방식과 세계관을 변혁시킨다. 특히 반복적인 긍정 언어(affirmation)는 시냅스를 강화하며, 오랜 기간 유지될 경우 인격과 삶 전체를 변화시킨다.

5. 늙지 않는 뇌, 젊어지는 얼굴

기도와 명상으로 조절된 뇌는 스트레스를 이기고, 감정을 정화하며, 호르몬 균형을 이루고, 신체 전체의 에너지 흐름을 회복시킨다. 이는 곧 얼굴의 주름, 표정, 안색, 피부 톤에도 긍정적인 변화를 일으킨다.

- 스트레스가 줄어들면 피부의 염증과 노화 물질이 감소
- 혈류가 증가되어 피부에 생기가 돌고, 모세혈관 순환이 개선
- 미소, 감사, 찬양은 얼굴 근육의 긴장을 풀어 인상을 밝게 함
- 기도 중 나오는 눈물은 엔돌핀, 옥시토신과 함께 정서적 해방을 유도

이 모든 변화는 단지 기분이나 감정의 변화가 아니라, 신경과학적으로 설명 가능한 신경회로의 조정과 재구성의 결과이다.

6. 결론: 기도와 명상은 영혼의 행위이자, 뇌를 재설계하는 과학적 실천이다

영성미인교회는 기도와 명상을 단순한 신앙의 형식으로 가르치지 않는다. 우리는 그것을 신경학적으로, 생리학적으로, 에너지적으로 설명하고 실천함으로써, '몸·마음·영'의 통합을 이룰 수 있는 실천으로 제시한다.

기도는 내면의 빛을 깨우고, 명상은 내면의 질서를 회복시키며, 둘의 반복은 뇌를 젊게 하고, 얼굴을 아름답게 하며 삶 전체를 새롭게 한다.

당신이 오늘 드린 기도는, 내일의 얼굴을 바꾸고, 당신의 인생을 복되게 만들 것이다.

자아 인식과 뇌의 가소성

"너는 내 눈에 보배롭고 존귀하며 내가 너를 사랑하였은즉…"
— 이사야 43:4

1. '나는 누구인가'라는 물음이 뇌를 바꾼다

모든 변화의 출발점은 자아 인식(Self-awareness)이다. 인간은 "나는 누구인가", "나는 왜 존재하는가", "나는 어떤 존재로 살아야 하는가"라는 질문을 던지면서 뇌의 가장 깊은 영역을 각성하기 시작한다. 자아 인식은 단순한 자기소개나 감정 상태의 자각을 넘어, 삶의 방향성과 존재의 의미를 바라보는 영적 능력이다.

뇌과학은 이러한 자아 인식의 깊이가 뇌의 구조를 변화시킨다는 것을 밝혀내고 있다. 즉, 인간이 스스로를 어떻게 인식하고 있는지가 뇌의 연결망과 활동 패턴을 형성하며, 그 결과가 감정, 행동, 몸의 건강, 그리고 얼굴의 표정까지 영향을 미친다.

2. 자아 인식은 전두엽을 활성화시킨다

전두엽(prefrontal cortex)은 인간 뇌의 가장 고등한 영역으로, 사고, 판단, 계획, 공감, 도덕, 신앙적 통찰 등을 담당한다. 자아 인식은 전두엽의 활성화로 이어지고, 이는 자율신경계의 균형, 스트레스 조절, 면역 기능 강화, 감정 조절력 향상에 영향을 준다. 자기 자신을 긍정적으로 바라보는 사람은 전두엽에서 분비되는 세로토닌, 도파민 등의 신경전달물질이 안정적으로 유지되어 평온하고 따뜻한 인상을 준다.

반면, 자신을 부정적으로 바라보는 사람은 뇌의 편도체가 과도하게 활성화되고, 자율신경계가 교감신경 위주로 편향되어 과잉 각성, 불안, 불면, 소화 장애, 피부 트러블 등 다양한 증상을 유발한다.

3. 뇌의 가소성: 자아는 새롭게 설계될 수 있다

신경가소성(Neuroplasticity)은 뇌가 경험, 사고, 감정, 행동, 훈련에 따라 구조와 연결망을 바꾸는 능력이다. 이 개념은 우리의 자아 이미지도 바뀔 수 있으며, 자신에 대한 생각과 태도를 바꾸면 실제 뇌의 회로가 다시 구성된다는 것을 의미한다.

이는 곧 다음과 같은 진리를 시사한다.

- 나는 과거의 경험이 만든 나를 넘어설 수 있다.
- 나는 내 유전자나 성격 유형을 뛰어넘을 수 있다.
- 나는 하나님의 말씀 안에서 새로운 자아를 재설계할 수 있다.
- 반복적인 기도, 감사, 믿음의 선포, 말씀 묵상은 뇌의 회로를 바꾸고 내 인생의 정체성을 재편할 수 있다.

예를 들어, 매일 "나는 하나님의 사랑받는 자녀입니다"라고 선포하고, 그 감정으로 기도와 묵상을 지속할 경우, 전두엽과 해마의 연결망은 강화되고, 편도체의 과잉 반응은 억제되며, 자아에 대한 긍정적인 회로가 강하게 자리 잡는다. 이는 과학적·영적 치유의 핵심이기도 하다.

4. 영성은 자아 인식을 빛나게 한다

기독교 영성은 인간의 자아를 "하나님의 형상대로 지음받은 존재", "사랑받는 자", "사명 있는 자"로 인식하도록 돕는다. 이러한 영적 자아 인식은 뇌의 긍정 회로를 강화하고, 존재의 감각을 명확히 하여 삶의 방향성과 정체성을 확고히 한다.

- 기도는 하나님과의 관계를 통해 '존재의 확신'을 부여하고
- 말씀이 내 안에 들어올 때, 나는 나 자신을 새롭게 해석하게 되며
- 찬양과 감사는 뇌의 감정 회로를 정화시켜 부정적인 자아상을 치유한다

결국, 영적 자아 인식은 신경학적 치유와 삶의 전인적 변화를 동반한다. 이는 과학과 신앙이 만나는 지점이며, 영성미인교회가 제시하는 항노화 미용의 깊은 본질이다.

5. 아름다움은 자아 인식에서 시작된다

자신을 사랑하는 사람의 얼굴은 부드럽고 따뜻하다. 자신을 존중하는 사람의 피부는 생기 있고 당당하다. 그리고 자신이 하나님의 형상임을 아는 사람의 표정에는 빛이 흐른다. 아름다움은 피부에서 시작되지 않고, 자아 인식에서 시작된다.

6. 결론적으로,

 "나는 누구인가?"라는 물음에 "나는 하나님의 걸작품이며, 매일 새롭게 지어져 가는 존재입니다"라고 답할 수 있을 때, 우리의 뇌는 젊어지고, 삶은 아름다워지며, 얼굴은 빛나기 시작한다.

13장

양자과학과 믿음의 에너지

파동, 입자, 정보로서의 인간

"믿음은 바라는 것들의 실상이요 보이지 않는 것들의 증거니…"
— 히브리서 11:1

1. 고전과학에서 양자과학으로: 존재의 재해석

우리가 물리적 존재로서의 인간을 이해할 때, 오랫동안 고전역학은 인간을 물질적 실체, 즉 물리적 몸으로 보았다. 그러나 20세기 초 등장한 양자물리학은 이 관점을 근본적으로 뒤바꾸었다. 물질은 고정된 입자가 아니라, 관찰에 따라 파동이 되기도 하고 입자가 되기도 하는 '이중성(dual nature)'을 가진다.

이 새로운 인식은 인간의 존재를 다시 바라보게 한다. 우리는 단지 육체로 구성된 고정된 실체가 아니라, 끊임없이 진동하고 상호작용하는 에너지장이며, 파동과 입자, 그리고 정보를 지닌 복합적 실체인 것이다.

2. 인간은 파동이다: 진동하는 생명체

인간의 모든 세포는 고유의 진동수와 주파수를 가지고 있다. 심장, 뇌, 피부, 장기 등은 각각 고유의 전자기장을 발산하며, 이 진동은 우리의 생각, 감정, 환경에 따라 지속적으로 변화한다.

기도, 찬양, 명상과 같은 영적인 행위는 이 진동의 주파수를 '높은 파장'으로 조율하며, 불안, 분노, 절망은 '낮은 파장'의 에너지로 하강시킨다. 이는 우리가 어떤 상태에 있느냐에 따라 얼굴 표정, 안색, 호르몬, 면역력, 세포 노화 속도까지 달라진다는 것을 의미한다. 다시 말해, 영성과 에너지는 분리될 수 없다.

3. 인간은 입자다: 물질이면서 영적 구조

우리 몸은 수십조 개의 세포로 구성된 물리적 구조이지만, 이 세포들조차도 원자 수준에서는 실체가 없다. 양자역학에 따르면, 원자의 99.999%는 '텅 빈 공간'이며, 나머지 0.001%가 에너지와 정보를 담고 있는 파동 입자이다.

즉, 우리는 실체라기보다는 끊임없이 움직이는 정보와 에너지의 결합체이며, 이를 통해 외부의 정보와 에너지를 받아들이고 방출하는 존재이다. 이 구조는 믿음, 언어, 기도, 사랑, 생각이라는 '비물질적 정보'가 실제로 물리적 몸에 영향을 미치는 것을 의미한다.

4. 인간은 정보다: 말씀이 형상으로

요한복음 1장 1절은 "태초에 말씀이 계시니라"고 말한다. 말씀(Logos)은 단순한 언어가 아니라 존재를 창조하고 질서를 부여하는 근원적 정보다. 하나님께서 말씀으로 세상을 창조하셨듯이, 우리 인간도 그 말씀을 담은 존재이며, 결국은 고도로 정돈된 정보의 집합체이다.

- 유전자는 생물학적 정보
- 사고는 신경적 정보
- 감정은 화학적 정보
- 믿음은 파동적 정보

이 모든 정보가 함께 상호작용하며 우리의 삶과 외모, 건강, 영혼을 구성한다. 따라서 인간은 단순한 유전적 운명의 결과물이 아니라, 자신이 받아들이고 발산하는 정보의 주체이자 관리자이다.

5. 믿음의 파동이 인체를 변화시킨다

기도와 찬양, 감사와 사랑의 감정은 높은 진동수(파동)를 지닌 에너지로, 세포 재생과 회복, 면역 조절, 스트레스 해소에 직접적인 영향을 준다. 이것은 단순한 심리학적 효과를 넘어서, 실제로 물리적 구조와 파장을 변화시키는 생체역학적 반응이며, 이것이 바로 '믿음이 육체를 살린다'는 영적 진리의 과학적 근거다.

- 믿음은 확신의 파동을 일으켜 뇌파를 안정화하고
- 감사는 세포 내 활성산소를 줄이고

- 사랑은 심장과 뇌의 공명을 증가시키며
- 말씀은 뇌 회로를 재구성하는 정보로 작용합니다

이 모든 과정은 단지 추상적인 개념이 아니라, 양자 수준에서 입자와 파동, 정보가 서로 작용하는 방식과 정확히 일치한다.

6. 결론: 우리는 입자이며 파동이며 정보이다

"나는 육체를 가진 영적 존재인가, 아니면 영성을 가진 물리적 존재인가?"라는 질문에 대한 대답은 이제 분명하다. 우리는 파동으로 진동하고, 입자로 구성되어 있으며, 정보로 움직이는 존재다. 그리고 이 모든 것을 다스릴 수 있는 하나님의 형상대로 지음받은 자들이다.

영성미인교회는 이러한 통합적 이해 위에 세워진 교회로서 우리는 과학과 신앙의 통찰을 통해, 인간을 고통스럽게 하는 노화와 스트레스, 외모 불안의 근원을 영적 · 에너지적 · 정보적 관점에서 다루고자 한다. 인간은 바뀔 수 있으며, 회복될 수 있으며, 아름다워질 수 있다. 그 시작은 바로 믿음의 파동을 받아들이는 순간이다.

말씀의 선포와 현실 창조의 원리

"죽고 사는 것이 혀의 권세에 달렸나니…"
— 잠언 18:21

1. 말씀은 에너지이며 파동이다

성경은 하나님께서 말씀으로 세상을 창조하셨다고 기록한다. "하나님이 이르시되 빛이 있으라 하시니 빛이 있었고…"(창세기 1:3). 여기서 주목할 것은, 말씀은 단순한 소리가 아니라 창조의 에너지이며, 실재를 형성하는 진동이다.

양자물리학적 관점에서도, 모든 물질은 파동이며 에너지다. 그리고 파동은 진동과 정보로 구성되어 있다. 다시 말해, 인간이 말하는 '말'은 단지 의사소통의 수단이 아니라, 실질적인 파동 에너지로서 현실에 영향을 주는 창조적 도구다.

2. 인간의 말은 뇌와 세포를 변화시킨다

의학과 뇌과학 연구는 긍정적인 언어 사용이 뇌의 구조를 변화시키고, 신경전달물질의 분비를 조절하며, 면역력과 감정에 영향을 미친다는 것을 보여 준다. 특히 "나는 사랑받는 존재다", "하나님께서 나를 회복시키신다", "나는 건강하고 빛나는 얼굴을 가졌다"는 선포는 전두엽과 해마(기억 담당 영역)를 활성화시키고, 스트레스를 조절하며, 세포 회복을 촉진한다.

이러한 선포는 곧 '내면적 진실의 구성'이다. 믿음이 있는 선포는 파동으로서 몸과 현실을 재조직하며, 얼굴 표정, 피부 상태, 에너지 흐름까지도 변화시킨다.

3. 말씀 선포는 현실을 '진동적으로' 정렬시킨다

양자역학은 '관측자 효과(observer effect)'를 설명한다. 관찰하고 인식하는 자의 의도에 따라 입자(현실)의 상태가 결정된다는 이론으로서 이것은 곧, 인간의 의도와 언어가 현실의 구성에 실제 영향을 미친다는 것을 의미한다.

말씀을 선포한다는 것은 단순히 종교적인 행위가 아니라, 우리의 뇌와 세포, 에너지장에 진동 명령어를 입력하는 행위이다. 이러한 명령은 신경계와 호르몬계, 자율신경계에 전달되어 현실을 바꾸는 행동과 표정, 감정, 기운, 심지어 대인 관계와 상황에까지 영향을 준다.

4. 예수님의 말씀은 현실을 즉시 변화시켰다

예수님은 "일어나 걸어라", "네 믿음이 너를 구원하였느니라"고 말씀하심으로 질병을 고치고, 죽은 자를 살리고, 사람의 삶을 변화시키셨다. 이 말씀들은 단지 위로가 아니라, 현실 창조의 명령이었다.

예수님의 말은 파동이며, 능력이었으며, '빛의 에너지'였다. 예수께서는 "살리는 것은 영이니 육은 무익하니라. 내가 너희에게 이르는 말은 영이요 생명이라"(요 6:63)고 하셨다. 이것은 바로 오늘날 영성미인교회가 추구하는 말씀 선포의 핵심 원리이다. 즉, 말은 생명이며, 실제적 변화와 변동의 도구다.

5. 매일의 선포가 삶과 얼굴을 바꾼다

영성미인교회는 말씀을 선포함으로써 영성 · 감정 · 육체 · 표정 · 에너지장을 정렬시키고, 항노화의 과정을 가속화하는 길을 안내한다. 다음은 대표적인 선포문 예시다.

"나는 하나님의 형상대로 지어진 빛나는 존재입니다."

"나의 피부는 하나님의 사랑과 은혜로 회복되어라."
"나는 젊고 건강하며, 날마다 새로워집니다."
"성령님이 내 안에서 기쁨과 평안을 채워 주십니다."
"내 얼굴은 사랑과 감사의 빛으로 빛납니다."

이러한 말씀의 선포는 뇌에 진동 정보로 입력되고, 파동과 에너지장을 변화시키며, 현실을 창조하는 초월적 훈련이다. 결국, 말씀은 '정보'이며, '파동'이며, '현실을 명령하는 에너지'이다.

6. 말씀이 현실이 되게 하라

말은 씨앗이다. 말은 진동이다. 말은 빛이다. 말씀의 선포는 단지 소리가 아니라, 우리 존재와 세포, 뇌, 삶, 피부, 운명에까지 영향을 주는 창조의 능력이다.

양자과학은 이를 '에너지 전송과 공명'이라 부르고, 성경은 '믿음의 고백과 생명의 말씀'이라 부른다. 영성미인교회는 말씀을 선포함으로써 하나님의 창조 질서에 나를 동조시키고, 젊음과 아름다움, 건강과 영광의 삶을 회복하는 길을 걷는다.

> "너희 입에서 나오는 말이
> 곧 너희의 얼굴이 되고,
> 너희의 얼굴이 곧 너희의 인생이 된다."

이것이 바로 영성미인교회가 전하는 말씀 선포의 실천 원리이다.

14장

분자생물학과 노화의 비밀

세포 노화, 스트레스, 감사 호르몬

현대 분자생물학은 인류에게 새로운 눈을 열어 주었다. <u>인간의 노화는 단지 외적 변화가 아니라, 세포 하나하나에서 벌어지는 미세한 생화학적 과정의 총합이다.</u> 그리고 이 과정의 배후에는 생각보다 강력한 요인들이 숨어 있다. 바로 스트레스와 감사, 그리고 이를 중재하는 호르몬들의 역할이다.

1. 세포 노화: 텔로미어의 마모에서 시작된다

인간의 세포는 유전 정보를 담고 있는 염색체를 보호하기 위해 각 말단에 '텔로미어'라는 캡을 가지고 있다. 그러나 세포가 분열할 때마다 이 텔로미어는 점점 짧아진다. 일정 길이 이하로 짧아지면 세포는 더 이상 분열하지 못하고 '세포 노화(senescence)' 상태로 진입한다.

이러한 노화된 세포는 조직의 기능을 저하시킬 뿐 아니라, 주변에 염증성 물질을 방출해 주변 건강한 세포까지 해를 끼친다. 우리가 느끼는 주름, 탄력 저하, 만성 염증, 에너지 저하는 모두 이 노화된 세포의 축적으로부터 시작된다.

그렇다면 무엇이 이 텔로미어의 마모를 빠르게 만드는가? 바로 만성 스트레스다.

2. 스트레스: 세포를 늙게 하는 보이지 않는 적

심리적·육체적 스트레스는 코르티솔이라는 스트레스 호르몬을 분비시킨다. 단기적인 스트레스는 생존에 도움이 되지만, 장기적인 만성 스트레스는 코르티솔 수치를 높인 채 유지시켜 세포 수준에서 다양한 부정적 영향을 초래한다.

- 텔로미어의 손상을 가속화하고
- 세포의 DNA 복구 능력을 떨어뜨리며
- 면역계를 억제하고
- 염증을 촉진시킨다

이는 피부 노화, 면역 약화, 만성 질환, 심지어 암 발생과도 직결된다. 과학은 이제 말한다. "스트레스는 노화의 촉진제다."

하지만 반대로, 신비한 분자 하나가 이 흐름을 되돌린다. 그것이 바로 '감사 호르몬'이다.

3. 감사 호르몬: 뇌와 세포를 회춘시키는 신비한 물질

감사를 느끼는 사람의 뇌에서는 도파민, 세로토닌, 옥시토신 같은

긍정적 호르몬이 분비된다. 이들은 단순한 기분 전환 물질이 아니다. 세포 수준에서 노화를 지연시키고, 면역을 강화하며, 심지어 텔로미어를 보호하는 데 도움을 주는 것으로 입증되었다.

- 도파민: 동기와 활력을 높이고, 항산화 작용 유도
- 세로토닌: 스트레스 완화, 세포 대사 안정시킴
- 옥시토신: '사랑 호르몬', 면역력 증가, 노화 억제

하버드, UCLA, 스탠포드 등 세계 주요 대학의 연구들은 '감사 일기 쓰기'와 '긍정적 선언'이 단지 마음을 안정시키는 수준을 넘어, 세포 노화를 되돌리는 실제 생물학적 효과를 가지고 있음을 입증해 왔다.

4. 영성과 과학의 만남: 감사는 기도의 언어, 회춘의 에너지

감사는 단지 정서가 아니라, 하나님의 형상을 닮은 인간이 내면으로부터 외면으로 회복되는 거룩한 에너지다. 우리가 감사의 기도를 드릴 때, 우리 뇌는 실제로 회춘을 경험하고, 세포는 젊음을 다시 찾는다.

성경은 "범사에 감사하라"(살전 5:18)고 말한다. 그 말씀은 단지 도덕적 명령이 아니라, 인간 유전체를 이해하신 창조주께서 주신 생명 유지 코드이다.

5. 결론: 영성미인은 '감사의 분자생물학'을 실천하는 자

진정한 영성미인은 얼굴의 주름보다 마음의 주름을 펴는 사람이며, 고가의 화장품보다 '감사의 기도'를 매일 드리는 사람이다. 영성

과 분자생물학의 융합은 우리에게 알려 준다.

"감사는 세포를 젊게 하고, 영혼을 빛나게 하며, 얼굴을 아름답게 한다."

이제 우리는 단지 젊어 보이기 위해 사는 것이 아니라, 내면의 빛을 통해 세포까지 회춘하는 새로운 길, '영성항노화'의 길로 나아가야 한다.

기도와 긍정 감정이 신체에 미치는 영향

"범사에 감사하라 이는 그리스도 예수 안에서 너희를 향하신 하나님의 뜻이니라."

— 데살로니가전서 5:18

1. 세포 노화의 생물학적 이해

인체는 약 37조 개의 세포로 이루어져 있으며, 이 세포들은 일정한 주기로 분열과 복제를 반복한다. 하지만 세포가 분열할 수 있는 횟수에는 한계가 있다. 이를 '헤이플릭 한계(Hayflick Limit)'라고 하며, 인간 세포는 보통 약 40~60회 정도의 분열을 거쳐 노화되거나 사멸하게 된다. 이 과정의 핵심에는 '텔로미어'라는 염색체 끝부분이 중요한 역할을 한다. 텔로미어는 세포 분열마다 짧아지며, 일정 길이 이하로 줄어들면 세포는 더 이상 복제하지 못하고 노화 또는 아포토시스(세포 자살)로 이어진다.

세포 노화는 단순히 생물학적 현상이 아니라, 외부 환경과 감정, 사고방식, 스트레스, 영적 상태에 의해 가속되거나 지연될 수 있다. 이 중에서도 스트레스는 세포 노화를 촉진하는 가장 강력한 요인 중 하나이다.

2. 스트레스와 세포 노화: 생리적 파괴자

만성 스트레스는 코르티솔(cortisol)이라는 스트레스 호르몬을 과도하게 분비시킨다. 코르티솔은 단기적으로는 생존을 위한 에너지원이지만, 장기적으로는 면역체계를 약화시키고, 염증 반응을 증가시키며, 텔로미어의 길이를 단축시켜 세포 노화를 앞당긴다.

실제로 미국 UCSF 대학 엘리사 앱펠(Elissa Epel) 박사와 노벨상 수상자인 엘리자베스 블랙번(Elizabeth Blackburn)은 "부정적인 스트레스 경험이 텔로미어를 단축시키며, 이로 인해 실제 생물학적 나이가 증가한다"는 사실을 밝혔다. 즉, 스트레스는 단지 마음의 문제가 아니라, 분자 수준에서 노화를 가속화하는 물리적 실체이다.

3. 감사 호르몬: 세포를 살리고 젊게 하는 치유 인자

반대로 '감사'라는 감정은 생리학적·분자생물학적으로 놀라운 회복 효과를 나타냅니다. 감사할 때 우리 몸에서는 '감사 호르몬'이라 불리는 옥시토신(Oxytocin), 도파민(Dopamine), 세로토닌(Serotonin), 엔도르핀(Endorphin) 등의 신경전달물질이 분비된다. 이 호르몬들은 다음과 같은 작용을 한다.

- <u>옥시토신</u>: 긴장을 완화시키고 대인 관계를 유연하게 하며, 세포

간 커뮤니케이션을 개선
- <u>도파민</u>: 동기와 만족감을 높여 자율신경계를 안정
- <u>세로토닌</u>: 감정 조절과 숙면을 도와 면역력 증가
- <u>엔도르핀</u>: 통증을 완화하고 기분을 향상시켜 전반적인 회복을 돕는다.

이러한 긍정적인 생화학 반응은 세포에 산소와 영양분을 원활히 공급하고, 염증 수치를 낮추며, 텔로미어의 손상을 줄여 세포 수명을 연장시킨다.

4. 감사는 과학이다: 분자치유의 통로

감사의 실천은 더 이상 '마음의 문제'에 국한되지 않는다. 매일 감사 일기를 쓰고, 기도 속에서 감사의 고백을 하고, 타인에게 감사 인사를 표현하는 행동은 세포 내부의 분자 반응을 변화시키며, 피부의 색과 탄력, 표정, 안색에까지 영향을 준다.

특히 '감사 기도'는 단순한 종교적 의식을 넘어서, 뇌파를 안정시키고 심박동을 조율하며, 신경호르몬의 균형을 되찾아 준다. 이로 인해 뇌의 편도체는 진정되고, 스트레스 반응계는 억제되며, 면역세포인 NK세포의 활성도가 증가한다.

5. 결론: 감사는 젊음의 묘약이다

노화를 막고 싶은가? 화장품이나 미용시술에 앞서 마음의 중심에서 '감사'를 시작하라. 세포는 감사의 언어에 반응한다. 피부는 감사

의 파동을 기억한다. 얼굴은 감사의 감정을 빛으로 반사한다. 이것이 바로 '감사 호르몬'의 힘이며, 분자생물학과 영성이 만나는 포인트이다.

영성미인교회는 바로 이 회복의 원리를 선포하고 실천하는 공동체이다. 우리는 말씀과 기도, 명상과 찬양, 감사와 사랑으로 노화의 흐름을 역전시키고, 젊고 빛나는 얼굴을 회복하도록 돕는다. 그 시작은 바로 오늘의 한 마디 감사에서 비롯된다.

"감사는 성령의 호흡이며,
세포를 살리는 영적 산소이다."

5부

영성미인교회의 실제

15장

예배와 설교: 성경과 과학의 통합 선포

성경적 메시지와 과학적 근거의 조화

1. 영성과 과학의 조화가 왜 필요한가?

  21세기 현대인은 단순히 종교적 언어만으로는 영혼의 갈증을 해결하지 못한다. 정보는 넘치고 지식은 빠르게 진화하는 시대에, 사람들은 이제 성경 말씀에 과학적 신뢰와 실천 가능한 근거를 함께 요구한다. 예배와 설교는 단지 신비로운 언어나 추상적인 감동을 전달하는 시간에 그치지 않고, 삶을 변화시키는 실질적 진리와 지혜를 제공해야 한다.

  이러한 이유로 영성미인교회는 예배와 설교에서 '성경적 메시지'와 '과학적 근거'의 조화를 핵심 목회 원리로 삼는다. 이 조화는 영혼과 육체를 연결하고, 말씀과 이성을 통합하며, 믿음과 삶의 일치를 가능케 한다.

2. 성경은 삶의 원리를 담은 과학적 교과서이다

성경은 단지 종교적 경전이 아니다. 그것은 창조의 법칙과 인간 존재의 구조, 치유와 회복의 원리를 담고 있는 '영적 과학서'이다. 예를 들어, "마음의 즐거움은 얼굴을 빛나게 하되"(잠언 15:13)라는 말씀은 심리학과 신경과학의 입장에서 보았을 때, 긍정 감정이 안면근육을 이완시키고, 신경전달물질 분비를 조절하여 실제 얼굴에 변화를 준다는 사실과 일치한다.

또한, "항상 기뻐하라, 쉬지 말고 기도하라, 범사에 감사하라"(살전 5:16-18)는 주님의 명령은 도파민, 세로토닌, 옥시토신, 엔도르핀과 같은 '긍정적 호르몬'의 분비를 유도하며, 면역력과 세포 회복의 능력을 강화하는 현대 분자생물학적 발견과 정확히 일치한다.

3. 설교는 말씀이자 에너지 전달이다

영성미인교회의 설교는 단순한 지식 전달이 아니라, 파동과 진동의 조화로운 에너지이다. 말씀은 파동이며, 언어는 에너지다. 설교자가 성령 안에서 전하는 말씀이 '빛의 파동'이 되어 회중의 영혼과 뇌파, 신경계, 감정계에 영향을 미치며, 예배 자체가 치유의 장(場)이 된다.

설교는 반드시 다음 세 가지 구조로 구성된다.

① 말씀의 진리: 성경 본문의 의미와 복음의 핵심을 정확히 풀어내되,

② 과학적 근거: 뇌과학, 양자물리학, 심리학, 분자생물학 등에서 증명된 이론과 실험결과를 통해 현실적 신뢰성을 부여하고,

③ 삶의 적용: 회중이 자신의 삶, 감정, 건강, 관계, 피부, 표정에 실

제 적용할 수 있는 구체적 방법을 제시해야 한다.

4. 통합 설교 예시

예를 들어, "내가 너희에게 이르는 말은 영이요 생명이라"(요 6:63)는 본문으로 설교할 경우, 다음과 같이 전개한다.
- 성경적 메시지: 예수님의 말씀은 생명을 살리는 능력이 있다.
- 과학적 근거: 말은 단지 소리가 아니라, 뇌에 입력되는 에너지이며, 세포의 유전자 발현에 영향을 미친다.
- 삶의 적용: 매일 "나는 하나님의 형상대로 지어진 건강하고 아름다운 존재다"라고 선포함으로써 뇌파와 면역계, 피부 세포에 실제 변화를 일으킬 수 있다.

이러한 방식은 회중이 단순히 듣고 끝나는 설교를 넘어서, 삶으로 옮기는 영적 훈련이 된다.

5. 과학을 통과한 신앙은 더 강하다

신앙은 눈에 보이지 않지만, 과학은 그것을 설명할 수 있다. 예수님께서 치유하신 기적, 기도 중 임한 평안, 말씀으로 변화된 인생은 모두 물리학과 생물학, 심리학의 언어로도 설명될 수 있다. 이것이 바로 "믿음과 이성의 통합"이며, "영성과 과학의 균형"이다.

영성미인교회는 이 균형 위에 선 예배 공동체로서 말씀은 믿음의 근거이고, 과학은 그 신뢰의 다리가 되며, 예배는 그 둘이 만나는 생명의 장이다.

6. 결론: 믿음과 과학은 적이 아니다

믿음은 모든 것을 초월하지만, 과학은 그것을 이해하게 한다. 예배는 하나님의 임재를 경험하는 시간이자, 인간 존재의 회복을 위한 과학적 치유의 현장이 되어야 하며 말씀을 과학적으로 풀어내고, 과학을 말씀으로 해석하는 조화가 있을 때, 예배는 영혼과 육체, 내면과 외면을 모두 살리는 '전체적 회복'의 시간이 된다.

내면을 회복하는 말씀

"주의 말씀은 내 발에 등이요 내 길에 빛이니이다."
- 시편 119:105

1. 왜 '내면 회복'이 중요한가?

현대사회는 겉모습에 집중하는 문화 속에 살고 있다. 외모, 피부, 이미지가 개인의 가치를 좌우하는 시대적 흐름은 사람들의 내면을 점점 더 공허하게 만든다. 경쟁, 비교, 스트레스, 불안은 개인의 감정과 영혼을 황폐화시키며, 이는 곧 얼굴에 드러나고 삶에 반영된다.

'내면 회복'은 단순한 위로가 아니라 존재의 근원을 회복하는 일이다. 내면이 치유될 때, 사람의 표정은 밝아지고, 피부는 맑아지며, 생각은 선해지고, 관계는 부드러워진다. 이는 단순히 감정적 기분 전환이 아니라, 영과 혼과 육이 온전히 회복되는 생명의 통로이다. 그 회복의 중심에는 '말씀'이 있다.

2. 말씀은 생명과 에너지다

하나님의 말씀은 문자 그 이상이다. 그것은 살아 있고 운동력이 있으며, 영혼을 쪼개고 분별하는 능력을 지닌 창조의 에너지다(히브리서 4:12). 창세기 1장에서는 하나님께서 말씀으로 빛을 창조하셨고, 요한복음 1장에서는 "태초에 말씀이 계셨고… 그 말씀이 곧 하나님이시라"고 선언한다. 이 말씀은 인간의 내면을 밝히는 빛이며, 상처를 치유하는 능력이며, 혼란을 질서로 바꾸는 질서다.

영성미인교회의 예배 설교는 이 말씀을 통해 내면을 다시 세우는 '회복의 통로'가 되도록 설계된다. 말씀은 영혼의 진동수를 조율하고, 마음속 파편을 정리하며, 망가진 자아상을 재건한다. 이는 단순히 설교자의 언어가 아니라, 성령의 생명 에너지가 회중의 내면에 파동처럼 울려 퍼지며 일어나는 일이다.

3. 말씀은 정체성을 회복시킨다

많은 사람들은 자기 존재에 대한 왜곡된 이미지 속에 살아간다. '나는 못생겼다', '나는 사랑받을 수 없다', '나는 실패자다'라는 생각은 마치 거울처럼 끊임없이 자기를 반사한다. 그러나 하나님의 말씀은 그런 거짓 거울을 깨뜨리고 참된 정체성을 회복하게 한다.

"너는 내 눈에 보배롭고 존귀하며 내가 너를 사랑하였은즉…"(이사야 43:4)

이 말씀은 '나는 하나님의 사랑받는 존재'라는 자각을 일으키고, 상처받은 내면에 깊은 안정을 준다. 이것이 내면 회복의 시작이다. 자기 자신을 하나님의 형상으로 인식할 때, 우리는 더 이상 외모로 자신을 규정하지 않으며, 더 깊은 존재적 아름다움을 회복하게 된다.

4. 말씀은 감정과 사고를 재조정한다

<u>불안, 분노, 우울, 불면, 중독 등은 대부분 왜곡된 생각과 감정의 결과이다.</u> 말씀은 뇌 속의 사고 회로를 재조정한다. "마음을 새롭게 함으로 변화를 받으라"(로마서 12:2)는 말씀은 단순한 권면이 아니라, 뇌과학적으로 입증된 신경가소성(neuroplasticity)의 원리와도 일치한다. 새로운 말씀을 듣고 묵상하고 선포하는 동안 뇌는 새로운 회로를 만들고, 감정은 재구조화되며, 삶의 반응 패턴이 바뀐다.

기도와 함께하는 말씀 묵상은 자율신경계를 안정시키고, 스트레스 호르몬을 감소시키며, 면역계를 향상시킨다. 결과적으로 얼굴 근육은 이완되고, 피부는 부드러워지며, 표정에는 빛이 흐르게 된다. 이것이 바로 '내면을 회복하는 말씀'의 외면적 증거이다.

5. 회복을 위한 설교 전략

영성미인교회의 설교는 내면 회복이라는 목적 아래 다음과 같은 원칙으로 구성된다.

- 성경 본문의 본질을 정확히 해석하여 내면의 상처에 '직면하게' 한다.
- 과학적 근거와 함께 마음과 뇌, 신체와 영의 작용을 설명해 '이해하게' 한다.
- 긍정 언어의 선포와 기도문을 통해 새로운 자아를 '선언하게' 한다.

- 일상 적용을 통해 내면의 회복이 피부와 얼굴로 '흘러가게' 한다.

6. 결론: 말씀은 얼굴을 밝히는 영혼의 등불이다

말씀이 내면을 살릴 때, 얼굴이 변한다. 표정이 달라진다. 시선이 부드러워진다. 미간의 주름은 펴지고, 입꼬리는 올라가고, 눈가에는 생기가 돈다. 이것은 화장품이나 보톡스 시술로는 얻을 수 없는 자연스러운 '내면의 빛'이며, '말씀의 생명력'이다.

영성미인교회의 예배는 이 회복의 원리를 중심으로 이루어진다. 설교자는 단지 진리를 가르치는 교사가 아니라, 영혼의 회복을 이끄는 치료자이며, 회중은 단지 설교를 듣는 청중이 아니라, 말씀을 통해 다시 태어나는 존재들이다.

> "말씀은 내면을 회복시키고,
> 회복된 내면은 아름다운 얼굴을 만든다."

아름다움을 회복하는 말씀 선포

"여호와의 얼굴을 구하는 자는 복이 있다."
- 시편 24:6

1. 아름다움의 본질은 하나님의 형상이다

현대사회는 '아름다움'을 외적인 기준, 즉 얼굴형, 피부 톤, 몸매로만 평가한다. 그러나 성경에서 말하는 아름다움은 '하나님의 형상'으로 창조된 인간 본연의 모습이다. 타락 이전의 인간은 빛났고, 병들지 않았으며, 두려워하지 않았다. 참된 아름다움은 외모에 앞서 내면, 즉 영(靈)과 혼(魂)의 조화에서 비롯된다. 그러나 죄와 상처, 문화의 왜곡된 시선은 하나님의 형상을 흐리게 했다. 이제 우리는 말씀을 통해 본래의 형상, 곧 아름다움을 다시 회복해야 한다.

2. 말씀은 왜곡된 자아상을 정화한다

많은 이들은 거울보다 더 자주 SNS 속 남들의 얼굴을 바라보며, 자신을 평가한다. 비교, 열등감, 수치심은 자아상을 왜곡시키고, 이는 감정의 혼란과 스트레스 호르몬의 과잉 분비로 이어진다. 결과적으로 피부는 칙칙해지고, 표정은 굳어지며, 외모는 본래의 빛을 잃게 된다.

그러나 말씀은 거짓된 거울을 깨뜨린다. 예레미야 1장 5절에서 하나님은 "내가 너를 모태에 짓기 전에 너를 알았다"고 하셨습니다. 이 말씀은 존재 자체가 하나님의 창조된 아름다움이라는 선언이다.

"너는 내 눈에 보배롭고 존귀하며 내가 너를 사랑하였은즉…"(이사야 43:4)

3. 말씀 선포는 뇌와 세포에 영향을 미친다

말씀을 '듣는 것'에서 '선포하는 것'으로 옮기는 것은 내면의 믿음을 외면의 변화로 연결시키는 강력한 도구다. 현대 신경과학은 "말의 반복적 사용이 신경회로를 바꾸고, 유전자 발현에도 영향을 준다"는 사실을 밝혀냈다. 이는 후성유전학과 신경가소성의 원리로 설명이 된다.

따라서 "나는 하나님의 형상대로 지어진 건강하고 아름다운 존재입니다"라는 말씀 선포는, 단순한 암송을 넘어, 뇌파를 안정시키고, 피부세포와 면역계를 활성화시키며, 얼굴 표정이 빛으로 회복된다.

4. 영성미인교회의 선포 예시

예배 중 다음과 같은 '아름다움 회복 선포문'을 함께 고백한다.
- 나는 하나님의 형상으로 지어진 존재입니다.
- 나는 사랑받고 있으며, 내 얼굴은 빛납니다.
- 내 피부는 말씀과 기도로 젊어지고 있습니다.
- 내 영혼이 평안하니, 내 표정은 밝고 온유합니다.
- 나의 내면은 날마다 새로워지고, 아름다움은 내 안에서 흘러나옵니다.

이 선포문은 설교 후 기도와 함께 회중이 따라 고백하는 형식으로 할 수 있으며, 교인은 예배가 끝나고 일상의 삶 속에서 반복할 수 있도록 한다.

5. 선포의 영성과 에너지 과학

말씀은 파동이며, 말은 에너지다. 창세기의 "하나님이 이르시되 빛이 있으라 하시니 빛이 있었고"는 선포의 원리를 보여 주는 대표 구절이다. 인간은 하나님의 형상대로 창조된 존재이기에, 우리의 입술을 통한 선포 역시 현실에 영향을 줄 수 있는 영적 능력을 지닌다.

양자물리학적 관점에서 보면, 말은 정보이며 진동이며, 특정한 진동수는 주변 분자 및 세포의 움직임에 영향을 미친다. 말씀을 담은 긍정적 선포는 얼굴에 흐르는 기운(에너지)을 맑게 하고, 표정의 주름을 풀고, 안면 신경계를 안정화하는 작용을 한다.

6. 결론: 말씀은 얼굴을 회복시키는 빛이다

영성미인교회는 말씀이 얼굴을 치유한다고 믿는다. 말씀이 내면의 상처를 정화하고, 자아상을 회복시키며, 선포를 통해 그 아름다움을 외면으로 흘려보낼 수 있음을 경험한다. 이것은 단지 종교적 위로가 아니라, 신학적, 과학적, 실존적 사실이다.

그러므로 우리는 예배마다, 삶의 순간마다, 거울을 볼 때마다 다음과 같이 선포해야 한다.

"나는 하나님의 아름다움이
나를 통해 드러나는 살아 있는 성전이다."

아름다움은 선포할 때 살아난다. 말씀은 빛이고, 그 빛은 얼굴에 나타난다. 이것이 바로 아름다움을 회복하는 말씀 선포의 비밀이다.

성령 체험과 뇌 활성화의 관계

"우리가 주의 영광을 보며 그와 같은 형상으로 변화하여 영광에서 영광에 이르니, 이는 주의 영으로 말미암음이라."
— 고린도후서 3:18

1. 성령 체험은 단순한 감정의 고양이 아니다

영성미인교회는 '성령의 임재'와 '인간 두뇌의 활성화'가 깊이 연결되어 있음을 선포한다. 성령 체험은 단지 감정의 일시적 격동이나 종교적 열광이 아니라, 뇌의 특정 부위와 신경회로에 실제로 영향을 미치는 실존적 사건이다.

과거에는 성령 체험을 비과학적 현상으로 치부하거나, 주관적 환상으로 해석하는 경향이 있었으나, 현대 뇌과학은 기도와 영적 체험이 뇌의 특정 부위를 활성화시키며, 신경 네트워크의 재구조화에 영향을 준다는 점을 명확히 보여 주고 있다.

2. 성령 체험 시 활성화되는 뇌의 영역

미국 펜실베이니아 대학의 신경학자 앤드류 뉴버그(Andrew Newberg) 박사의 fMRI 연구에 따르면, 진지한 영적 체험을 할 때 뇌의 전전두엽(prefrontal cortex)과 측두엽(temporal lobe), 대상피질(anterior cingulate cortex)이 활성화된다.

이때 활성화되는 기능은 다음과 같다.

- 전전두엽: 자기 통제, 집중력, 목표 설정과 관련
- 측두엽: 언어, 기억, 정서적 의미 연결
- 대상피질: 공감, 정서조절, 내적 통합
- 시상하부 및 편도체 안정화: 스트레스 반응 감소, 평온감 증대

즉, 성령 체험은 실제로 뇌의 '치유적 통합'을 유도하며, 이것이 곧 질병의 치유는 물론 내면의 평안과 얼굴의 부드러움, 표정의 여유, 피부의 맑음으로 확장된다.

3. 성령과 옥시토신, 도파민의 상관성

성령 체험 시 많은 이들이 경험하는 '감동의 눈물', '심장의 뜨거움', '존재적 평화'는 단지 종교적 언어가 아니라, 생리학적 현상이다. 이때 뇌에서는 다음과 같은 신경전달물질이 분비된다.

- 옥시토신(Oxytocin): 유대감, 사랑, 신뢰 호르몬. 피부 진정, 주름 완화에 도움
- 도파민(Dopamine): 동기 부여, 기쁨과 기대감. 표정과 에너지에 활력을 준다
- 세로토닌(Serotonin): 안정감과 감정 조절. 자율신경계 조율로 피부 혈류 개선

성령 체험은 이 호르몬들의 균형 있는 분비를 유도하며, 이는 곧 안면근육의 이완, 미소의 자연스러움, 눈가의 온화함으로 표현된다.

4. 성령 체험은 뇌의 '영성 회로'를 자극한다

뇌에는 특정 부위에 국한되지 않고, '의미, 목적, 초월'을 추구할 때 활성화되는 독특한 회로들이 존재한다. 이를 '영성회로(spiritual circuitry)'라고 부른다.

성령 체험은 이 회로를 직접적으로 자극하며, 인간 존재의 본질적

감각 — 즉 "내가 누구인가", "무엇을 위해 사는가", "나는 사랑받는 존재인가" — 에 대한 깊은 자각을 불러온다. 이러한 통합적 자각은 단지 마음의 변화에 그치지 않고, 얼굴 표정, 피부 상태, 면역력에까지 긍정적 영향을 미친다.

5. 영성미인교회 예배에서의 실제 적용

영성미인교회는 성령 체험을 다음과 같은 요소들을 통해 유도한다.
- 성령 환영의 찬양
- 안수와 호흡기도
- 성령 선포
- 기도 중 성령 호흡(Spiritual Breath): 뇌내 산소순환 증가 및 집중력 회복

예배 속에서 성령의 임재가 깊어질수록, 회중의 표정이 변하고, 눈빛이 밝아지고, 얼굴이 환해지는 것을 목격할 수 있다. 이는 단순한 정서적 변화가 아닌, 뇌-영-육의 실질적 통합이 이루어지는 현상이다.

6. 결론: 성령 체험은 뇌의 생명 회복이다

성령은 무너진 뇌 신경 회로를 다시 연결하는 치유의 영이시다. 우리가 성령의 임재 안에 머물 때, 뇌는 새로워지고, 얼굴은 밝아지고, 마음은 치유되며, 우리의 존재 전체가 아름다움으로 물들게 된다.

"주의 얼굴을 구하라"는 말은 단지 예배 자세가 아니라, 뇌와 영혼과 몸이 동시에 치유되는 통합의 시작이다.

성령의 빛이 임할 때, 뇌는 새롭게 연결되고, 그 빛은 얼굴로 흐른다. 이것이 바로 성령 체험과 뇌 활성화의 경이로운 관계이다.

16장

상담, 진단, 치유 프로그램

얼굴 표정으로 보는 내면 진단법

"얼굴은 영혼의 거울이며, 표정은 내면의 진동이다"

1. 왜 얼굴 표정이 내면을 반영하는가?
   - 얼굴은 43개의 표정 근육으로 구성되어 있으며, 뇌의 감정중추(편도체, 전전두엽, 변연계)와 직접 연결되어 있다.
   - 사람의 감정은 얼굴 근육의 미세한 움직임으로 즉각적으로 드러나며, 이를 통해 심리 상태뿐 아니라 성격, 인간성, 인생관, 영적 상태를 유추할 수 있다.
   - 얼굴은 자율신경계, 내분비계, 에너지 흐름의 상태를 반영하는 중요한 창(窓)이다.

2. 기본 원리: 뇌-얼굴-마음 연결 구조

- 감정이 생기면 뇌는 신경전달물질(예: 세로토닌, 도파민, 코르티솔 등)을 분비하고, 그 신호가 안면 근육에 전달된다.
- 부정적 감정(분노, 불안, 억울함 등)은 이마, 미간, 눈 주변 주름, 입꼬리, 입가 주름 등에서 긴장과 비대칭으로 나타난다.
- 반대로 긍정적 감정(감사, 사랑, 평안 등)은 부드러운 이마, 미소 띤 입술, 반짝이는 눈빛으로 표현된다.

3. 진단 항목별 분석

① 눈 (영혼의 창)
- 눈빛이 흐리거나 초점이 없으면: 무기력, 우울, 영적 소진
- 눈이 날카롭고 잦은 깜빡임: 불안, 경계, 분노 감정
- 반짝이고 따뜻한 눈: 사랑, 기쁨, 성령의 임재

② 이마와 눈썹
- 이마에 깊은 세로 주름: 지나친 걱정, 통제 욕구
- 눈썹을 자주 찡그리는 습관: 분노 억제, 판단적 사고
- 부드럽고 편안한 이마: 명상적 사고, 내면의 평화

③ 입과 입꼬리
- 입꼬리가 항상 아래로 내려간 경우: 우울감, 자존감 저하
- 억지 미소나 비대칭 미소: 위선, 감정 억제
- 자연스럽고 부드러운 미소: 내면의 기쁨, 사랑, 안정

④ 턱과 턱선
- 턱이 항상 굳고 긴장된 상태: 완고함, 스트레스 억제

- 턱선이 부드럽고 유연한 경우: 수용적 사고, 열린 마음

⑤ 전체 얼굴 인상
- 얼굴 전체가 긴장되고 경직된 경우: 내면 불균형, 과도한 방어 기제
- 얼굴이 비대칭이거나 표정이 자주 변하는 경우: 감정 기복, 불안정한 자아상
- 표정이 온화하고 밝은 경우: 감사의 습관, 기도와 명상 중심의 삶

4. 영성 관점에서의 진단
- 성령이 충만한 사람은 얼굴에서 "은혜의 기운"이 감지된다. 이는 과학적으로도 옥시토신, 세로토닌, 감마파(γ파) 증가와 관련 있다.
- 영적으로 억눌린 사람은 얼굴에 "어두움", "굳은 에너지", "경직된 진동"이 감지되며, 이는 기도, 찬양, 묵상, 안수 등으로 회복이 가능하다.

5. 진단 후의 피드백 및 치유 방향

얼굴 표정 분석은 단순한 외모 판단이 아니라, 내면의 건강상태를 깨닫고 회복으로 이끄는 진단 도구다.

진단 후에는 다음과 같은 실천을 제안한다.
- 매일 감사 일기 쓰기 (감사 호르몬 증진)
- 거울 앞에서 자신에게 긍정 언어 선언
- 깊은 복식 호흡, 명상, 기도 훈련

- 사랑하는 사람과의 따뜻한 대화와 스킨십
- 찬양, 말씀 묵상을 통한 영혼의 정화

6. 결론: 얼굴은 당신의 영혼 상태를 비추는 거울

지금 거울을 보며 질문해 보라.

"나는 어떤 얼굴을 하고 있는가?"

"이 얼굴에 비친 내 영혼은 평안한가?"

"이 얼굴을 통해 하나님의 사랑과 평화가 흘러가고 있는가?"

얼굴 표정 기반 내면 진단 테스트

"당신의 얼굴은 지금,

당신의 영혼을 말하고 있습니다"

사용 방법: 각 항목에 대해 해당 점수를 기입하세요.

점수 범위:

1점 (전혀 그렇지 않다) ~ 5점 (항상 그렇다)

평가 기준:

긍정 문항은 점수가 높을수록, 부정 문항은 점수가 낮을수록 심신이 안정되고 영성미인형이다.

얼굴 표정 기반 내면 진단 테스트(긍정 문항)

① 눈(감정의 창)
1. 내 눈은 따뜻하고 부드러운 느낌을 주며, 상대와 시선을 잘 맞춘다( )
2. 눈빛이 맑고 반짝이며, 감정이 자연스럽게 드러난다( )
3. 눈을 통해 기쁨이나 평안함이 자연스럽게 전달된다( )

② 이마와 눈썹
1. 이마와 눈썹이 긴장되지 않고 편안한 상태를 유지한다( )
2. 걱정이나 분노로 눈썹을 찌푸리는 일이 거의 없다( )
3. 얼굴 위쪽 근육이 자연스럽고 안정된 느낌을 준다( )

③ 입과 입꼬리
1. 말하지 않을 때도 입꼬리가 자연스럽게 올라가 있다( )
2. 억지스러운 미소가 아니라
   진심이 담긴 미소가 자주 드러난다( )
3. 입 주위가 부드럽고 평화로운 인상을 준다( )

④ 턱과 턱선
1. 턱에 힘이 들어가지 않고 부드럽고 유연하게 유지된다( )
2. 스트레스 상황에서도
   턱을 꽉 물거나 이를 악무는 일이 거의 없다( )
3. 턱선과 얼굴 하부에 불필요한 긴장 없이 안정감이 느껴진다( )

⑤ 얼굴 전체 인상
1. 사람들로부터 "편안하다", "밝다", "따뜻하다"는 인상을 자주 받

는다(   )

2. 내 얼굴은 내면의 평화, 감사, 사랑을
   잘 반영하고 있다고 느낀다(   )

3. 거울을 볼 때 스스로 얼굴이 부드럽고
   생기 있어 보인다고 느낀다(   )

총점(최대 75점): (   )점

결과 해석:

- 60점 이상: 영혼의 빛이 얼굴을 통해 표현되고 있습니다. 안정된 내면과 깊은 감사가 얼굴 전체에 깃들어 있습니다.
- 45~59점: 비교적 건강한 내면 상태이나 스트레스나 감정 누적으로 부분적 긴장이 보입니다. 영성 실천을 유지하면 더 회복될 수 있습니다.
- 30~44점: 내면에 피로나 불균형이 존재하며, 표정에도 반영되고 있습니다. 기도, 안식, 감정 정화가 필요합니다.
- 29점 이하: 영혼의 고갈 또는 억눌림이 얼굴 전체에 드러나고 있습니다. 집중적인 영성 회복 프로그램이 권장됩니다.

얼굴 표정 기반 내면 진단 테스트(부정 문항)

① 눈의 상태 (감정의 창)

1. 내 눈에는 자주 초점이 없고,
   무기력하거나 흐리멍덩해 보인다(   )

2. 눈빛이 날카롭고 상대방을 불편하게 만든 적이 있다(   )

3. 눈에 피로감이나 침침함이 자주 느껴지며
   감정이 잘 드러나지 않는다(   )

② 이마와 눈썹 (생각과 스트레스의 반영)

1. 이마에 주름이 자주 잡히고 긴장이 느껴진다(   )

2. 눈썹이 자주 찡그려지거나 경직되어 있다(   )

3. 생각이 많아 자주 이마에 힘이 들어간다(   )

③ 입과 입꼬리 (감정 표현의 왜곡)

1. 입꼬리가 자주 내려가 있어 무표정하고 우울해 보인다(   )

2. 억지 미소를 자주 짓고, 감정이 보이지 않도록 숨긴다(   )

3. 입술 주변이 경직되거나 굳어 있는 경우가 많다(   )

④ 턱과 턱선 (내면 긴장의 누적)

1. 스트레스를 받을 때 턱을 꽉 무는 습관이 있다(   )

2. 턱에 항상 미세한 긴장이 느껴진다(   )

3. 이를 악무는 습관이 있거나 자주 턱이 무겁고 피곤하다(   )

⑤ 전체 얼굴 인상 (영혼의 피로)

1. 내 얼굴은 자주 경직되었거나
   긴장되어 보인다는 말을 듣는다(   )

2. 얼굴이 쉽게 피로해 보이고
   생기가 부족하다는 느낌을 받는다(   )

3. 스스로 거울을 볼 때 얼굴이 굳어 있거나
   예민해 보인다고 느낀다(   )

총점(최대 75점): (　　) 점

결과 해석:

- 15점 이하: 매우 안정된 상태. 내면의 평안이 얼굴에 잘 반영되고 있습니다.
- 16~30점: 전반적으로 건강하지만 가벼운 스트레스나 피로가 얼굴에 드러납니다.
- 31~50점: 감정적 불안이나 내면 긴장이 얼굴 전반에 축적되고 있습니다. 정서적 회복과 영성 훈련이 필요합니다.
- 51점 이상: 내면 에너지 고갈, 감정 억제, 스트레스가 얼굴에 깊게 자리 잡고 있습니다. 기도, 명상, 영적 상담 및 회복적 활동이 시급합니다.

얼굴 인상을 통한 영적 상태 진단

"눈은 몸의 등불이니 네 눈이 밝으면 온 몸이 밝을 것이요"
— 마태복음 6:22

1. 얼굴은 영혼의 거울이다

인간의 얼굴은 단순한 신체 기관이 아니라, 내면의 정서와 정신 상태, 영적 흐름까지도 반영하는 신비로운 거울이다. 고대 동양에서는 "기색이 얼굴에 드러난다"고 했고, 성경은 "사람의 얼굴에 그의 마음이 비친다"고 기록한다.

특히 눈빛, 미간, 입꼬리, 피부색, 이마의 주름 등은 영적인 상태와 매우 깊은 연관이 있다. 이러한 얼굴 인상은 단순한 유전적 특징이나 노화의 흔적이 아니라, 습관화된 생각, 정서, 믿음, 그리고 영적 흐름의 누적된 표현이다.

2. 현대 과학이 입증하는 얼굴과 내면의 연관성
- **신경학적 관점**: 안면 근육은 감정과 직결된 뇌의 변연계(limbic system)와 직접 연결되어 있으며, 특히 미소, 찡그림, 놀람 등의 표정은 내면의 감정 상태를 무의식적으로 드러낸다.
- **정신의학적 관점**: 우울증 환자의 표정은 눈동자의 흐림, 눈썹의 처짐, 입꼬리의 무표정에서 쉽게 드러나며, 장기적인 스트레스는 안면 비대칭, 피부 혈색의 저하 등으로 나타난다.
- **면역·피부과학적 관점**: 면역력이 약화되거나 호르몬이 불균형하면 피부톤이 칙칙해지고, 염증과 색소 침착이 증가한다. 이는 내면의 에너지 흐름이 정체되었음을 의미한다.

3. 얼굴 인상과 영적 상태의 유형별 진단
① **평안한 얼굴**:
이마에 힘이 없고, 눈매가 부드러우며, 입꼬리가 자연스럽게 올라가 있음. 내면의 평화, 감사, 용서, 기쁨이 쌓여 있는 상태. 성령의 열매 중 '평안'과 '온유'가 자리 잡은 상태.
② **불안한 얼굴**:
미간에 주름이 깊고, 눈동자가 흔들리며, 얼굴 근육이 긴장되어 있

음. 죄책감, 두려움, 불신, 자책, 자존감 저하 등이 있는 상태.

③ 교만하거나 위선적인 얼굴:

눈에 힘이 과하고, 미간과 턱이 굳어 있음. 자기를 포장하려는 방어적 인상. 영적 위선, 내면의 공허함, 사랑 결핍, 인정 욕구가 강함.

④ 상처 받은 얼굴:

표정이 굳고, 입꼬리가 내려가 있으며, 눈빛이 무기력함. 트라우마, 거절감, 자포자기, 수치심이 누적된 상태.

⑤ 성령 충만한 얼굴:

빛나는 눈빛, 부드러운 표정, 잔잔한 미소, 피부톤이 맑음. 기도와 말씀, 감사와 사랑이 깊어져 내면의 진동이 얼굴로 흐름. 깊은 믿음과 회복이 충만한 상태.

4. 얼굴의 회복은 곧 영혼의 회복

표정이 변화된다는 것은, 마음의 흐름이 변화되었고, 영적 생명의 기운이 회복되었음을 의미한다. 성령 충만한 얼굴은 단순히 감정의 반영이 아니라, 하나님의 형상으로 회복되는 영혼의 징표이다.

예수님의 변화산 사건처럼, 성령과의 깊은 교제 속에서 우리의 얼굴이 빛나게 되고, 그 빛은 주위 사람들의 영혼까지 밝히는 빛이 된다. 이것이 바로 '얼굴 인상을 통한 영적 상태 진단'이 단지 평가가 아닌 회복과 치유의 시작점이 되는 이유이다.

5. 결론

"당신의 얼굴이 말해 줍니다. 지금 당신의 영혼 상태는 어떻습니까?"

영성미인교회는 외모의 분석이 아니라, 얼굴을 통해 영혼을 이해하고 치유하며, 내면의 빛을 회복하는 것을 목표로 한다. 상담은 판단이 아니라 동행이며, 얼굴은 회복의 통로다. 오늘 당신의 표정은 예배가 될 수 있고, 당신의 눈빛은 사랑이 될 수 있다.

얼굴 인상 영성 진단표(Self, 상담자용)

이 진단표는 단순한 심리 평가가 아니라, 상담자 또는 개인이 자신의 얼굴표정, 근육, 눈빛 등을 통해 내면의 영적 상태를 인식하고 회복의 방향을 찾는 데 목적이 있다. 아래 각 항목을 관찰하여 해당되는 점수에 체크하고, 합계 점수를 통해 현재 영적 상태의 방향을 파악한다.

1. 눈빛의 상태

　□ 맑고 따뜻하며 고요함이 느껴짐 (3점)

　□ 집중력이 있으나 다소 긴장됨 (2점)

　□ 흐리거나 공허하거나 피곤해 보임 (1점)

　□ 예민하거나 날카롭거나 불안정함 (0점)

2. 미간의 긴장도

　□ 이완되어 있고 주름이 거의 없음 (3점)

　□ 살짝 주름이 있으나 기본적으로 부드러움 (2점)

  ☐ 항상 찌푸린 듯 주름이 고착됨 (1점)

  ☐ 깊은 주름과 함께 분노 또는 불신의 인상 (0점)

3. 입꼬리와 표정의 방향

  ☐ 자연스럽게 올라가 있으며 부드러움 (3점)

  ☐ 기본 표정은 중립이나 웃을 때 자연스러움 (2점)

  ☐ 입꼬리가 내려가 있고 무표정하거나 무기력함 (1점)

  ☐ 굳어 있거나 경직된 표정, 감정 표현이 어려움 (0점)

4. 얼굴 근육의 긴장 정도

  ☐ 전체적으로 부드럽고 자연스러움 (3점)

  ☐ 약간의 긴장이 있지만 표정에 방해되지 않음 (2점)

  ☐ 턱이나 입술 주변에 지속적 긴장 있음 (1점)

  ☐ 안면 전체에 강한 긴장과 경직감 존재 (0점)

5. 피부의 빛깔과 생기

  ☐ 윤기 있고 맑은 편이며 생기가 돌음 (3점)

  ☐ 대체로 건강하나 다소 칙칙함이 있음 (2점)

  ☐ 창백하거나 과도하게 붉거나 푸르스름함 (1점)

  ☐ 생기 없고 어두운 인상이 강함 (0점)

6. 전체 인상에서 느껴지는 내면의 상태

  ☐ 평안과 기쁨이 자연스럽게 배어 나옴 (3점)

- ☐ 진지함과 고요함이 느껴짐 (2점)
- ☐ 외로움, 불안, 두려움이 내재된 인상 (1점)
- ☐ 분노, 고통, 절망 등의 인상이 강함 (0점)

총점 평가 (최고 18점)

- 16~18점: 성령 충만한 얼굴 - 내면의 빛이 얼굴로 흐르고 있음. 현재 영적·정서적으로 안정된 상태입니다. 지속적인 말씀, 감사, 찬양의 삶을 유지하세요.
- 12~15점: 회복 중의 얼굴 - 기초는 있으나 영적 감정의 일부 긴장이 존재합니다. 꾸준한 기도와 정서적 치유 훈련이 도움이 됩니다.
- 7~11점: 감정적 긴장 상태 - 내면의 상처나 영적 소진이 얼굴에 반영되고 있습니다. 감사일기, 영성 호흡 기도, 상담적 동행이 필요합니다.
- 0~6점: 깊은 내면의 위축 또는 분열 - 내면의 상처, 용서받지 못한 감정, 영적 고립감이 얼굴에 고착되어 있습니다. 기도, 치유, 성령의 깊은 임재와 공동체적 돌봄이 절실합니다.

활용 팁:

상담자는 직접 평가보다는 성찰 유도를 위한 도구로 사용하며 정기적으로 영적 상태를 확인할 수 있다.

영성 · 외모 · 건강 통합 멘토링

"너희 몸을 하나님이 기뻐하시는 거룩한 산 제물로 드리라 이는 너희가 드릴 영적 예배니라"
— 로마서 12:1

1. 왜 '통합 멘토링'이 필요한가?

현대사회는 지나치게 단편화된 교육과 돌봄 시스템을 지니고 있다. 건강은 병원에서, 외모는 미용실이나 미용성형피부클리닉에서, 영성은 종교시설에서 각기 분리되어 다루어진다. 그러나 인간은 결코 나눠질 수 없는 통합적 존재이다. 한 사람의 진정한 회복과 성장, 항노화적 삶은 육체(Body), 마음(Mind), 영혼(Spirit)이 함께 치유되고 조화롭게 작용할 때 이루어진다.

특히 외모에 대한 관심이 우상화되고 있는 사회에서, 단순한 외적인 변화가 아닌 내면에서부터 빛나는 건강한 아름다움이야말로 지속 가능한 삶의 미학이다. 이를 위해 '영성미인교회'는 '영성 · 외모 · 건강'을 하나로 연결한 통합 멘토링을 실시한다.

2. 3가지 멘토링의 핵심 구성 요소

① **영성 멘토링: 내면의 회복과 신앙의 성숙**
- 말씀 묵상과 선포 훈련
- 감사 일기와 자기 존재 긍정 훈련
- 기도와 성령 임재 체험 지도

- 신앙 상담과 축복 안수

② 외모 멘토링: 얼굴 인상, 표정, 라이프 스타일
- 얼굴 표정 및 인상 분석을 통한 자기이해
- 나이에 맞는 자기표현과 외모 관리 습관 훈련
- 호흡 명상, 안면 근육 이완 훈련
- 내면의 기운이 얼굴로 흐르게 하는 표정 훈련
- '거울 속 말씀 선포' 실습

③ 건강 멘토링: 생활습관, 면역력, 식이요법
- 항노화 식단 및 수면 습관 코칭
- 스트레스 감지 및 호흡 조절 훈련
- 감사 호르몬(옥시토신, 세로토닌) 활성화 전략
- 자연 치유 기반의 걷기·햇빛·물·쉼 회복법
- 영성 기반의 '건강 선언문' 쓰기 실습

3. 멘토링 과정 및 프로그램 운영 방식
- 개인 맞춤형 1:1 멘토링 (6주 과정)
- 소그룹 프로그램 (8인 이하)
- 일일 워크숍 또는 주말 힐링 캠프
- 지속적 변화 기록을 위한 사진·저널링 활용

4. 통합 멘토링의 기대 효과
- 내면 회복과 외모 변화의 동시 경험
- 자존감 향상 및 표정 밝아짐

- 신체 면역력 증가 및 생활 활력 회복
- 삶에 대한 감사와 기쁨의 감정 증대
- '나는 하나님의 형상'이라는 정체성의 회복

5. 결론: 진정한 아름다움은 통합에서 피어난다

영성은 외모를 밝히고, 건강은 영혼을 지탱한다. '영성·외모·건강'은 따로 분리될 수 없다. 통합 멘토링은 단순한 관리가 아니라, 존재 전체의 치유이며, 하나님 앞에서 새롭게 빚어지는 '영성미인'이 되어 가는 여정이다.

이 프로그램은 바로 '늙지 않고 건강하게 아름답게 사는 삶'을 향한 실천적 길이 될 것이다.

성령 안수 + 뇌과학 기반 뇌파 회복

1. 서론: 신앙과 과학의 만남 - 새로운 치유의 가능성

오랫동안 교회에서 행해진 '성령 안수'는 영적 회복과 치유의 상징이었다. 손을 얹고 기도하는 이 단순한 행위는 때로는 내면의 깊은 평안과 눈물, 감정의 해방, 심지어 육체적 고통의 완화로 이어지는 놀라운 경험을 선사했다. 반면, 현대 뇌과학은 우리의 생각, 감정, 그리고 회복 과정이 뇌파(Brainwave)의 리듬과 에너지 상태에 따라 좌우된다는 사실을 규명해 왔다. 이 두 세계는 별개가 아닌, 서로를 보완하며 '하나님의 형상대로 창조된 인간'의 통합 회복을 가능케 한다.

2. 성령 안수란 무엇인가?

성령 안수는 기도자의 믿음과 사랑을 담아 환자나 피안수자의 머리, 어깨 등에 손을 얹고 기도함으로써 하나님의 성령 임재와 능력을 주입하는 행위이다. 이때 안수자는 하나님의 통로가 되며, 피안수자는 하나님의 생기, 생명 에너지, 위로, 능력을 받는 수용자적 입장에 선다.

안수 시 주로 나타나는 영적 현상은 다음과 같다.
- 전신 이완과 울음, 감정 해소
- 내면 평화와 고요
- 두통·불면·공황 증상의 완화
- 마음의 용서와 회개의 결단
- 얼굴 표정, 눈빛, 근육의 부드러워짐

3. 뇌과학으로 본 안수와 뇌파 변화

신경과학적으로 안수 시 다음과 같은 뇌파 변화가 관찰될 수 있다.

- **α파(알파파, 8-13Hz)**: 내면의 평온과 이완을 나타내며, 주로 명상이나 기도 중 증가한다. 안수 중 뇌가 알파 상태로 진입할 경우, 감정의 균형과 면역력 회복에 긍정적인 영향을 준다.
- **θ파(세타파, 4-7Hz)**: 잠재의식과 관련되며, 깊은 영성체험 및 치유기억 통합과 연관된다. 안수와 기도 중 세타파가 활성화될 경우 내면의 트라우마 해소 및 자기 수용의 뇌 회로가 작동할 수 있다.
- **γ파(감마파, 30Hz 이상)**: 고도의 통찰력과 전신 에너지 상태,

집중력과 연결된다. 일부 성령 체험자는 안수 후 창조적 아이디어, 기쁨의 에너지 분출을 경험한다고 보고한다.

4. 성령 안수 + 뇌파 회복의 통합 치유 모델

영성미인교회의 통합 치유는 다음과 같은 단계로 진행된다.

1단계 - 준비: 짧은 호흡 기도와 감정 인식
- 눈을 감고 자신의 현재 감정을 하나님께 고백
- 복식호흡을 통해 교감신경 이완 유도

2단계 - 말씀 선포와 믿음 각성
- 짧은 성경 말씀을 선포: "하나님은 나를 치유하시는 여호와이시다", "나는 하나님의 형상대로 지음 받았다"

3단계 - 안수 기도
- 목회자 또는 치유사역자가 이마, 머리, 어깨에 손을 얹고 짧고 강한 믿음의 기도를 드림
- 피안수자는 고요히 눈을 감고 기도에 집중하며 자신의 뇌파 흐름을 느끼도록 안내

4단계 - 뇌파 회복과 감정 통합
- 안수 후 최소 3~5분간 침묵 명상 또는 평온한 음악, 찬양과 함께 휴식
- 감정의 흐름(눈물, 미소, 떨림 등)을 억누르지 않고 허용

5단계 - 기록과 통합
- 간단한 치유일지 작성(느낀 점, 변화된 감정, 얼굴 상태, 평온감 등)
- 상담사 또는 멘토와의 짧은 대화로 피드백 정리

5. 결론: 성령과 과학이 만날 때 일어나는 회복의 혁신

성령 안수는 더 이상 비과학적 행위가 아니다. 그것은 사랑, 집중, 기도, 파동, 에너지, 뇌파, 신경화학의 종합적 작용이며, 하나님이 인간을 창조하신 질서에 순응하는 가장 영적이면서도 가장 과학적인 치유 행위이다. 영성미인교회는 이 통합 모델을 통해 단지 병을 고치는 차원을 넘어, 얼굴을 밝히고 영혼을 깨우며, 진정으로 젊고 빛나는 삶으로 인도하고자 한다.

영성과학 기반 상담 및 안수 치유

1. 서론: 영성과학으로 회복되는 내면의 미(美)

21세기 항노화 시대의 핵심은 단순한 외모 관리에 그치지 않는다. 진정한 아름다움은 마음과 영혼, 육체가 조화롭게 치유될 때 온전히 회복된다. '영성미인교회'는 신앙과 과학, 특히 뇌과학, 양자물리학, 분자생물학을 통합한 '영성과학'의 기반 위에서, 개인의 전인적 아름다움과 건강을 회복시키는 새로운 방식의 상담과 안수 치유 프로그램을 제시한다. 이 프로그램은 내면의 상처와 외면의 노화를 함께 다루며, 인체의 에너지 흐름과 신경 회복, 믿음의 기도를 함께 활용한다.

2. 영성과학 기반 상담의 정의와 원리

　1) 상담의 3요소: 정보, 공명, 에너지

영성과학 상담은 단순한 대화 이상의 것이다. 이 상담에서는 세 가지 차원이 작동한다.

- **정보**: 말과 내용 속에 담긴 정보는 언어로 표현되며, 내면의 신념과 감정을 드러낸다. 정보는 뇌의 전두엽을 자극하며 자기인식과 변화를 유도한다.
- **공명**: 상담자와 내담자 사이에 형성되는 파동적 공감(quantum coherence)은 정서적 안정과 신뢰감을 유도한다. 이는 하트브레인 연결성(heart-brain coherence)의 생리학적 근거와도 연결된다.
- **에너지**: 언어, 시선, 손의 위치, 기도 중의 파동 등은 에너지장(field)에 영향을 주며, 이는 양자역학적 관점에서 내담자의 에너지 상태를 조율하는 도구가 된다.

2) 뇌과학적 접근

긍정적인 언어, 신앙 선언, 감사 표현은 뇌의 전전두엽, 편도체, 해마 등에 영향을 주어 스트레스를 감소시키고, 신경회로의 재배열을 일으킨다. 특히 상담 중의 기도, 말씀이 선포될 때 뇌파(알파파, 세타파)의 조절이 가능해지며, 이는 명상 상태의 신경가소성(neuroplasticity)을 유도한다.

3) 양자적 접근

상담 중 내담자가 자신의 사고와 감정, 믿음을 인식하고 변화시키는 순간, 그의 내부 에너지장의 진동수가 달라진다. 이는 의식의 파동적 실체로 설명되며, 의식 변화가 세포와 유전자 발현에 영향을 미친다는 연구들이 이를 뒷받침한다. 즉, 상담은 단순한 마음 치유가 아니라, 세포 수준의 항노화 반응까지도 유도할 수 있는 '에너지 교정' 행위이다.

3. 안수 치유: 성령의 임재와 파동의 융합

1) 성경적 근거

예수님과 사도들은 병든 자에게 손을 얹어 치유하셨다(막 16:18). 안수는 단순한 접촉이 아니라, 성령의 임재와 권능의 통로였다. 오늘날도 안수는 단순한 종교행위가 아닌, 에너지 전달과 파동 조율의 실제적 도구로 이해될 수 있다.

2) 안수의 과학적 기초

- 손은 뇌와 직접 연결된 에너지 센터로, 접촉을 통해 피부 전류, 온도, 생체자기장을 전달한다.
- 양손의 위치와 방향, 의도의 집중은 내담자의 뇌파에 영향을 미치며, 자율신경계를 안정시킨다.
- 특히 성령 안에서의 기도 안수는 고주파 사랑의 에너지(coherent love frequency)를 전달하여, 세포의 진동을 상승시키고, 면역과 재생 시스템을 자극할 수 있다.

3) 안수 치유의 실제 예식

- 예배 중 또는 상담 후, 이마나 어깨에 손을 얹고 축복과 회복의

말씀을 선포한다.
- 뇌의 특정 부위(전두엽, 측두엽 등)에 손을 얹고 성령의 흐름을 따라 기도한다.
- 이때 상담자는 자신의 심박수와 호흡, 파동을 조율하며, 내담자와 하나 됨을 이루는 것이 중요하다.
- 내담자는 자신을 하나님께 의탁하며, 사랑받는 존재로서 치유를 수용한다.

4. 항노화 미용과의 연계

이러한 영성과학 기반 상담 및 안수 치유는 단순한 내면 회복을 넘어서, 외적 아름다움과 생리적 건강에도 영향을 준다.
- 스트레스 해소 → 피부 염증 및 노화 유전자 억제
- 에너지장 정화 → 얼굴 혈색, 근육 이완, 인상 변화
- 파동적 사랑의 에너지 유입 → 세포 회복, 텔로미어 유지
- 영혼의 평안 → 미소와 눈빛, 피부 표정의 변화

5. 실천

- 주 1회 영성과학 상담 운영: 감정 인식, 감사 일기, 말씀 나눔 포함
- 예배 전후 안수 치유 예식: 성령 임재를 위한 찬양과 기도 준비 포함
- 영성미인 수련회: 안수, 상담, 명상, 미용 통합 프로그램 운영

6. 결론: 사랑과 빛의 손길이 사람을 회복시킨다

'영성미인교회'는 단순한 아름다움이 아닌, 영혼이 건강한 사람이 세상에 빛이 되는 것을 비전으로 삼는다. 상담자의 언어 한마디, 손의 안수, 눈빛의 사랑은 하나님의 에너지로 전달되어, 병든 육체와 상한 감정, 그리고 굳어 버린 믿음을 새롭게 한다. 영성과학 기반의 상담과 안수 치유는 이 시대의 아름다움을 회복하는 가장 고귀한 실천이다.

미용상담 + 내면상담 통합 시스템

1. 서론: 외면의 미(美)와 내면의 진(眞)과 선(善)이 만나는 상담 시스템

현대인은 외모에 많은 관심을 가지고 다양한 성형미용 시술과 스킨케어를 받지만, 내면의 자존감과 감정 상태, 영적 균형이 무너져 있다면 그 진정한 아름다움은 드러나지 않고 오래가지 못한다. '영성미인교회'는 인간의 진정한 아름다움이 몸과 마음과 영혼의 조화에서 온다는 통합적 관점을 바탕으로, **'미용상담 + 내면상담'이 통합된 독창적 상담 시스템**을 운영한다. 이 시스템은 성형외과와 피부과적 전문지식과 영적 상담의 지혜를 결합하여, 항노화와 아름다움의 본질을 회복하게 한다.

2. 미용상담과 내면상담의 분리와 통합의 필요성

  1) 기존 미용상담의 한계

- 피부, 얼굴형, 주름, 탄력, 체형 등 외형 중심의 상담은 외적인 솔루션만 제공함.
- 고객의 심리상태, 자존감, 감정적 트라우마 등은 상담 대상에서 제외됨.
- 미용 시술 후 외모는 변하지만 삶의 만족도나 자기 인식은 크게 개선되지 않는 경우가 많음.

2) 내면상담의 필요성
- 아름다움에 대한 자기 개념(self-concept)이 흔들리면 외적인 변화에도 만족하지 못함.
- 외모에 대한 과도한 집착, 불안, 비교의식은 심리적, 영적 치료가 필요한 영역임.
- 아름다움의 기준과 목적을 재정의하고 영적인 존재로서의 가치를 회복할 때 진정한 항노화 가능함.

3) 통합의 중요성
- 외면(美)과 내면(眞과 善)을 함께 다룰 때, 지속 가능하고 총체적인 변화가 일어남.
- 상담자는 얼굴, 피부, 표정, 자세를 통해 심리와 영의 상태를 진단하고 통합적 코칭을 제공할 수 있음.

이 통합상담은 고객의 건강, 정서, 믿음, 삶의 방향까지 포괄하는 인생 멘토링이 된다.

3. 미용상담 + 내면상담 통합시스템의 구조

1) 3단계 구조

① 제1단계: 미용평가 및 얼굴 이미지 진단
- 성형외과적, 피부과적 피부, 형태, 노화 등 분석
- 표정, 눈빛, 안색, 턱·입 주위 근육의 긴장도 등으로 심리 상태 파악

② 제2단계: 내면상담 및 영적 진단
- 자아 개념, 외모에 대한 자기 인식, 감정 패턴 점검
- 자존감, 수치심, 비교심리, 관계 트라우마에 대한 상담
- 성경말씀과 영성 기반의 정체성 회복 대화와 기도

③ 제3단계: 통합 솔루션 제안
- 미용 시술 혹은 생활습관 개선 + 감정정화/말씀묵상/기도/감사일기 등 제안
- 외모와 내면을 동시에 변화시키는 30일 영성미인 프로그램 제시
- 필요 시 영성과학 기반 안수 치유, 뇌파조절, 명상 연계

2) 주요 도구와 기법
- 얼굴 표정 진단표: 감정 억압, 분노, 불안, 우울, 감사, 사랑의 주된 표정 분석
- 내면 질문지: "내가 아름다워야 하는 이유는?", "나는 내 얼굴을 어떻게 보는가?", "나는 어떤 인상을 주고 있는가?"
- 성경적 자아 정체성 선언문: "나는 하나님의 형상대로 지음받은 자입니다", "나는 빛과 사랑의 존재입니다"

3) 상담자의 역할
- 외모 전문성과 함께 영적 분별력을 갖춘 '영성미인 코치'가 상담자 역할 수행
- 단순한 시술 권유가 아닌 삶의 방향과 자기 정체성을 회복시키는 길잡이 역할
- 내담자의 언어, 표정, 피부 상태, 감정 파장 등을 종합하여 전인적 솔루션 제공

4) 상담사례 예시
사례 1. 40대 여성 - 피부 노화와 자존감 저하
- **증상**: 팔자주름, 눈가 탄력 저하, 우울한 인상
- **상담내용**: "나이 들면 여자는 버려진다"는 사고의 왜곡, 과거 남편의 외도로 인한 감정 상처
- **해결방안**: 초음파 리프팅 + 자기사랑 선언문 + 정기 말씀묵상 + 표정 이완 훈련 + 안수치유

사례 2. 20대 남성 - 외모에 대한 집착과 불안
- **증상**: 턱 보톡스 반복, 거울을 1시간 이상 들여다봄, 대인기피
- **상담내용**: 타인의 시선에 과민한 자기 왜곡, 사랑받지 못한 감정의 뿌리
- **해결방안**: 외모 기준 재정의, 외적 시술 중단, 자기 정체성 회복, 기도, 감사 일기

5) 기대 효과
- 단기적: 외모 만족도 향상, 표정 변화, 상담 직후 정서 안정감
- 중기적: 자아 회복, 관계 개선, 말과 생각의 변화
- 장기적: 항노화 효과 지속, 성령 안에서의 존재감 회복, 진정한 아름다움의 열매

4. 결론: 진정한 아름다움은 통합에서 시작된다

'영성미인교회'의 **미용상담 + 내면상담** 통합시스템은 외적인 미의 표면을 넘어서, 내면의 상처와 영혼의 갈증까지 어루만지는 성령의 도구이다. 이는 단순한 미용 프로그램이 아닌, 삶 전체의 회복과 자기 영성의 실천을 돕는 하나님의 아름다움 회복 프로젝트이다. 얼굴이 밝아지고, 눈빛이 따뜻해지고, 마음이 평안해지는 그 변화야말로, 이 시스템이 추구하는 참된 항노화 미용의 완성이다.

17장

영성미인 실천 프로그램

30일 영성미인 선언문

1. 서론: 아름다움은 매일의 선포에서 시작된다

　사람의 얼굴은 그 사람의 영혼을 담는 거울이다. 표정은 마음의 언어이며, 피부는 감정의 반영이다. 단지 얼굴에 화장품을 바르고 처진 얼굴을 리프팅하는 것이 아니라, 영혼을 일으켜 세우고 삶의 믿음을 선포할 때, 우리는 진정한 아름다움과 항노화의 길을 걷게 된다. '영성미인교회'는 내면의 빛과 외면의 조화를 이루기 위한 실천 프로그램으로, 30일 동안 매일 따라 할 수 있는 "영성미인 선언문"을 제공한다. 이 선언문은 하루 한 문장씩, 자신과 하나님 앞에 선포하며 내면의 믿음과 외적 아름다움을 동시에 회복하게 하는 영성 학습이다.

2. 선언문의 구성과 의미

이 30일 선언문은 다음과 같은 원칙에 따라 설계되었다.

- **영적 정체성의 회복**: 나는 하나님의 형상대로 지어진 존재임을 선포함
- **내면 치유**: 상처받은 감정, 낮은 자존감, 부정적 감정의 해소
- **아름다움에 대한 재정의**: 외모 중심에서 존재 중심으로의 전환
- **뇌과학 기반의 자기암시 효과**: 반복적 언어 선포를 통한 뇌회로 재편
- **양자파동 관점의 진동수 상승**: 감사, 사랑, 기쁨의 고주파 감정 파동 유도

3. 30일 영성미인 선언문

매일 아침 거울 앞에서 선포한다. (포스터 부착)

1일차. 나는 하나님의 형상대로 지음받은 존재이며, 존귀하고 아름답다.

2일차. 나는 내 존재 자체로 사랑받고 있다.

3일차. 나의 얼굴에는 하나님의 평안이 흐른다.

4일차. 오늘도 나는 밝은 미소와 따뜻한 말로 세상을 축복한다.

5일차. 나의 주름에는 삶의 지혜와 사랑이 담겨 있다.

6일차. 나의 피부는 회복되고, 생기와 빛이 넘친다.

7일차. 나는 감사할수록 더 빛나는 얼굴을 가진다.

8일차. 나는 고요하고 평화로운 마음을 통해 진정한 아름다움을 발산한다.

9일차. 나는 비교하지 않고, 나만의 고유한 아름다움을 기뻐한다.
10일차. 나의 눈빛에는 자비와 이해가 담겨 있다.
11일차. 나는 나 자신을 깊이 사랑하고, 용서하며, 축복한다.
12일차. 나의 얼굴은 성령의 임재가 머무는 거룩한 공간이다.
13일차. 나는 삶의 모든 순간에 빛과 기쁨을 선택한다.
14일차. 나의 목소리는 회복과 위로의 파동을 담고 있다.
15일차. 나는 나이와 상관없이 젊음과 활력을 선택한다.
16일차. 나의 생각은 긍정과 창조의 에너지로 가득하다.
17일차. 나는 내 몸을 존중하며, 생명으로 가득 채운다.
18일차. 나의 하루는 감사와 기대감으로 시작된다.
19일차. 나는 스트레스를 평화로 바꾸는 능력을 가진 존재다.
20일차. 나는 나의 얼굴을 통해 하나님의 사랑을 전한다.
21일차. 나는 영과 육, 마음이 하나된 조화로운 미인이 된다.
22일차. 나는 내 얼굴에 선함과 자비의 빛을 담는다.
23일차. 나는 건강하고 탄력 있는 에너지를 얼굴과 몸에 채운다.
24일차. 나는 오늘도 나의 존재가치를 축하하며 살아간다.
25일차. 나의 인상은 따뜻함과 신뢰를 품고 있다.
26일차. 나는 영혼의 빛으로 내 삶을 비춘다.
27일차. 나는 모든 존재에게 미소와 축복을 보내는 빛의 통로이다.
28일차. 나는 내 얼굴을 사랑하고, 내 영혼을 사랑한다.
29일차. 나의 얼굴은 하루하루 새롭게 피어나는 아름다움의 꽃이다.
30일차. 나는 진정한 아름다움은 내 안에 있으며, 오늘도 그 빛을 세상에 비춘다.

4. 실천 방법
- 매일 아침 선언문을 큰 소리로 3번 선포하고 거울을 바라본다.
- 선언 후 3분간 눈을 감고 호흡을 가다듬고, 문장을 묵상한다.
- 짧은 감사일기 작성: 오늘 내가 느낀 아름다움은 무엇인가?
- 30일마다 변화된 얼굴 사진과 느낌을 기록한다.

5. 선언문의 효과(의학적 · 뇌과학적 · 영성적 관점)
- 반복 선언은 전전두엽과 자율신경계에 긍정적 신경회로 형성
- 내면 안정은 피부 노화 관련 호르몬(코르티솔) 감소에 기여
- 파동과 진동의 변화는 에너지장을 밝게 하고, 인상과 안색을 개선
- 말씀과 믿음의 선포는 성령의 인도 속에 존재의 의미를 되찾게 한다.

6. 결론: 30일의 습관이 얼굴을 바꾸고, 삶을 바꾼다

'영성미인 선언문'은 단순한 언어훈련이 아니다. 이것은 자신을 향한 하나님의 시선에 눈뜨는 훈련이며, 내면의 회복을 통해 얼굴에 천국을 드러내는 항노화의 가장 성령적인 방식이다. 하루 1분, 거울 앞의 믿음 고백은 결국 인생의 거울을 바꾸고, 자기 영성과 존재감을 회복하는 영적 미용의 핵심이다.

감사 일기, 긍정 언어, 명상, 기도 습관 훈련

1. 서론: 매일의 작은 훈련이 아름다움을 만든다

　진정한 항노화는 성형외과나 피부과에서 피부나 주름을 다루는 외적 기술에서 끝나지 않는다. 인간의 내면에서 시작된 정서적 안정, 감사의 태도, 긍정적인 언어 습관, 그리고 깊은 영적 연결은 외모에 생기와 젊음을 불어넣는 근본적인 힘이다. 여기서 내면의 미를 키우기 위한 일상의 네 가지 훈련, 즉 "감사 일기", "긍정 언어", "명상", "기도"를 핵심 실천 프로그램으로 제시한다. 이 네 가지 훈련은 각기 따로 작용하면서도 상호 시너지 효과를 내며, 마음과 몸, 얼굴에 항노화적 변화를 일으킨다.

2. 감사 일기 훈련: 매일의 감사가 젊음을 회복시킨다

　감사는 뇌파를 안정시키고 스트레스를 해소하는 가장 강력한 정서 중 하나로서 연구에 따르면, 꾸준한 감사 표현은 면역력을 높이고, 우울감을 낮추며, 노화 관련 유전자의 활동을 억제한다.

실천 방법:
- 매일 밤 자기 전, 감사한 일 세 가지를 일기로 기록한다.
- 크고 거창한 감사가 아니라 사소하고 일상적인 것일수록 좋다.
- 감사한 이유와 내면의 생생한 감정을 구체화한다.

예시:
- 오늘 따뜻한 햇살이 온몸에 차오르는 기분을 느꼈습니다. 감사

합니다.
- 거울 속 내 얼굴이 어제보다 밝아 보여 가슴이 뛰었습니다. 감사합니다.
- 누군가의 친절한 말에 마음이 따뜻해졌습니다. 정말 감사합니다.

효과:
- 우울과 불안감 감소
- 피부의 톤과 인상 변화
- 삶에 대한 주도성과 만족감 상승

3. 긍정 언어 훈련: 말이 얼굴을 만든다

말은 에너지다. 내가 스스로에게, 타인에게 어떤 말을 하는가는 뇌의 신경회로와 에너지장을 형성한다. "나는 늙었어", "못생겼어"라는 말은 실제로 얼굴의 표정과 근육에 영향을 미치며 부정적 파동을 생성한다. 반대로 "나는 빛나고 있다", "나는 날마다 회복되고 있다"는 언어는 실제 얼굴 표정, 피부, 눈빛을 변화시킨다.

실천 방법:
- 부정 언어 사용을 중지하고 즉시 긍정 언어로 전환한다.
- 하루에 세 번 이상 "영성미인 선언문" 중 한 문장을 선포한다.
- 타인을 축복하는 언어를 습관화한다.

예시 문장:
- "나는 날마다 회복되고 있습니다."
- "내 얼굴은 성령의 빛으로 가득합니다."

- "나는 하나님의 형상대로 아름답게 창조되었습니다."

효과:
- 표정 근육 이완
- 말버릇의 변화 → 삶의 방향성 변화
- 타인과의 관계 개선

4. 명상 훈련: 고요함 속에서 젊음이 시작된다

현대인의 두뇌는 끊임없는 정보와 감정의 자극 속에 과잉각성 상태를 유지한다. 명상은 전두엽을 활성화시키고 자율신경계를 조절하며, 안면근육의 긴장을 풀고, 피부의 염증 반응을 줄인다. 특히 '말씀 기반 명상'과 '감사 기반 명상'은 기독교적 세계관 안에서 내면의 회복을 유도한다.

실천 방법:
- 하루 10분, 조용한 공간에서 눈을 감고 호흡에 집중한다.
- 한 구절의 말씀 또는 감사 문장을 반복한다.
- 예: "너는 나의 사랑하는 자라"

명상 유형:
- 호흡 명상: 복식 호흡을 통해 심박수 안정
- 말씀 명상: 성경 구절 묵상과 이미지화
- 감사 명상: 하루 중 감사한 장면을 떠올리고 감정으로 느끼기

효과:
- 뇌파 안정(세타파, 알파파 증가)

- 자율신경계 균형 회복 → 노화 지연
- 안색 회복, 인상 변화

5. 기도 습관 훈련: 영혼의 빛이 얼굴을 밝힌다

　기도는 단순한 종교적 행위가 아닌, 영혼과 하나님의 통로이자 에너지 교환의 장이다. 매일의 기도는 존재의 중심을 회복하게 하며 두려움과 스트레스를 평안과 희망으로 대체한다. 안수 기도, 입술 기도, 침묵 기도, 묵상 기도 등 다양한 기도의 형태는 뇌의 다양한 영역을 자극하며 항노화에 기여한다.

실천 방법:
- 하루 두 번(아침, 저녁) 정해진 시간에 기도한다.
- 기도, 묵상, 명상, 선포기도를 병행한다.
- 얼굴과 몸에 손을 얹고 "나는 회복되고 있습니다"를 선포한다.

기도 예문:
- "주님, 내 얼굴과 마음을 새롭게 하소서."
- "내 안에 사랑과 평안의 에너지가 흐르소서."
- "오늘도 성령의 빛으로 나를 채워 주소서."

효과:
- 정서 안정과 감정 해독
- 안면 긴장 완화 및 혈류 개선
- 전인적 항노화(영적 → 정서 → 육체 변화)

6. 통합적 습관으로서의 4대 훈련

이 네 가지 습관은 서로 독립적인 실천이지만, 함께 실행할 때 그 효과는 배가된다.

- 감사일기 → 긍정 언어 → 명상 → 기도로 하루를 완성
- 30일 실천 프로그램으로 구성하여 그룹 실행 가능

7. 결론: 매일의 훈련이 영성미인을 만든다

진정한 항노화 미인은 하루아침에 만들어지지 않는다. 감사의 눈, 긍정의 입술, 고요한 마음, 기도하는 손이 하루하루 쌓일 때, 그 얼굴에는 하늘의 평화와 생명의 빛이 머문다.

영성미인 통합 훈련 코스(피부, 식단, 뇌 훈련, 기도)

외적 아름다움과 내면의 영성이 분리되어서는 진정한 항노화가 이루어질 수 없다. 건강한 피부, 균형 잡힌 식단, 뇌의 안정과 확장, 그리고 깊은 기도 생활은 서로 유기적으로 연결되어 인간의 전인적 아름다움을 완성시킨다. 영성미인교회는 이 네 가지 영역을 통합한 "영성미인 훈련 코스"를 통해, 항노화와 회복, 성령의 빛을 담은 삶으로 성도들을 인도한다. 이 훈련 코스는 의학적 근거, 뇌과학 및 양자생명학적 관점, 그리고 기독교 영성의 원리를 융합하여, 매일의 삶에서 구체적으로 실천할 수 있도록 설계되었다.

1. 피부훈련: 얼굴은 영혼의 거울이다

피부는 몸의 가장 큰 장기이자 감정과 스트레스, 건강 상태를 반영하는 지표이다. 얼굴 피부와 표정은 내면 상태와 밀접히 연결되어 있으며, 성령이 임재하는 삶은 그 자체로 얼굴빛을 변화시킨다.

훈련 요소:
- 피부 호흡 훈련: 매일 아침과 저녁, 5분간 피부를 만지며 숨을 들이쉬고 내쉬는 동안 감사 문장을 고백한다.
- 표정 근육 스트레칭: 이마, 눈가, 입가, 턱 주변 근육을 풀어주는 동작을 따라 하며, 경직된 감정을 풀어낸다.
- 피부 자가진단: 거울을 보며 "내 피부는 오늘 어떤 감정을 반영하고 있는가?"를 묻고 기록한다.
- 피부영성 선언: "나의 얼굴은 하나님의 빛을 담는 성전입니다." "나의 피부는 회복되고 있습니다." 등의 언어 선포를 함께 한다.

추천: 주 1회 전문가와의 피부상담 + 매일 자기 얼굴에 안수하며 기도하기

2. 식단훈련: 음식은 몸을 살리고 영혼을 맑게 한다

식사는 단지 육체의 에너지를 위한 것이 아니라, 영적 흐름을 조율하는 중요한 행위다. 어떤 마음으로 먹고, 어떤 음식을 선택하며, 어떻게 감사를 표현하는가에 따라 몸과 뇌, 영혼의 조화가 달라진다.

훈련 요소:

- 영성 식단 3대 원칙: (1) 소식(少食), (2) 채식 중심, (3) 감사함으로 식사
- 항산화 식품 위주 구성: 베리류, 녹색채소, 견과류, 오메가-3가 풍부한 생선 등은 피부 재생과 뇌 건강에 효과적
- 하루 한 끼 '묵상 식사': 식사 시간에 TV나 스마트폰을 끄고, 음식의 맛과 텍스처를 느끼며 조용히 감사와 묵상을 함
- 식사 전 고백: "이 음식은 나의 생명을 회복시키는 하나님의 선물입니다."

3. 뇌 훈련: 생각의 습관이 얼굴을 만든다

뇌는 미소와 표정, 감정과 에너지의 중심이다. 특히 전두엽은 자기 인식, 영적 체험, 긍정적 사고를 담당한다. 뇌를 치유하고 확장시키는 훈련은 영성과 항노화 모두에 결정적 역할을 한다.

훈련 요소:

- 아침 뇌 선포 훈련: "오늘 나는 창조적이고 빛나는 생각을 선택합니다."라고 선포하며 하루를 시작
- 3분 감사뇌파 훈련: 조용한 시간, 감사한 기억을 떠올리며 심호흡을 10회 반복(알파파, 세타파 활성화 유도)
- 뇌와 표정 연결 훈련: 거울 앞에서 웃으며 "내 미소는 영혼의 진동입니다."라고 선포
- 감정 정화 명상: 부정 감정을 인식 → 호흡 → 방출 → 말씀으로

대체("두려워하지 말라. 내가 너와 함께하리라" 이사야 41:10)

추천: 뇌파 회복 음악 듣기, 성경 구절 오디오 묵상

4. 기도훈련: 얼굴에 성령의 빛이 머물도록

기도는 내면의 질서를 회복하고 얼굴에 생명과 평안을 입히는 영적 항노화의 열쇠다. 진심이 어린 기도는 스트레스를 낮추고, 안면 근육을 부드럽게 하며, 하나님의 에너지장을 흐르게 한다.

훈련 요소:

- 하루 2회 고정 기도 시간: 아침 감사 기도, 저녁 회복 기도
- 얼굴 안수 기도: "주님, 이마에 지혜를, 눈에 자비를, 입술에 긍휼을, 미소에 평안을 부어 주소서."
- 기도 중 얼굴 관찰: 기도 전과 후 얼굴의 변화(눈빛, 피부, 미소 등)를 점검하고 기록
- 30일 성령기도문 활용: 매일 정해진 말씀과 선언문으로 기도 훈련

추천: 기도노트 작성 + 가족과 함께하는 축복기도

5. 결론: 훈련이 얼굴을 만들고, 얼굴이 삶을 바꾼다

'영성미인 훈련 코스'는 단지 더 젊고 아름다워지기 위한 외적 프로그램이 아니라, 존재의 깊은 회복을 위한 영적 훈련이다. 피부는

말할 수 없는 감정의 창이며, 식사는 하나님과 교제의 시간이고, 뇌는 신성을 담는 그릇이며, 기도는 성령의 숨결이다. 매일의 훈련을 통해 우리 얼굴은 빛나고, 삶은 거룩해지며, 우리 존재는 하나님의 아름다움을 반영하게 된다. 이것이 곧 '영성미인'의 길이다.

18장

'영성미인' 사역자의 길

목회자, 상담자, 치유자의 통합 훈련

1. 서론: 시대의 요구는 '통합형 사역자'다

21세기 교회는 단순히 설교와 기도만 잘하는 목회자를 넘어서, 상담과 치유, 교육과 회복, 과학적 이해와 영적 통찰이 통합된 '영성형 통합 사역자'를 요구하고 있다. 특히 외적인 미용과 내면의 영성을 함께 다루는 '영성미인교회'의 비전은 기존 목회자의 틀을 넘어서는 새로운 사역자의 정체성과 역할을 필요로 한다.

'영성미인 사역자'는 단지 복음을 전하는 설교자, 상처를 듣는 상담자, 병든 자를 위해 기도하는 치유자를 각각 따로 수행하는 것이 아니라, 그 세 가지 역할을 하나의 통합된 사역 안에서 구현하는 사람이다. 본 장에서는 그러한 사역자가 되기 위한 구체적인 훈련 내용을 제시한다.

2. 통합 사역자의 정체성

1) 영성미인 사역자의 3대 핵심 역할

① 목회자: 말씀과 기도 그리고 공동체를 통해 영혼을 돌보는 영적 지도자

② 상담자: 감정과 사고, 심리적 구조를 이해하고 듣고 이끄는 정서 치료자

③ 치유자: 성령의 능력과 신뢰를 기반으로 병든 육신과 영혼을 회복시키는 도구

2) 새로운 통합 정체성의 핵심 가치

- 존재 중심: 외모·문제·기능이 아닌 '존재 그 자체'를 중심으로 돌봄
- 뇌과학과 양자과학 기반: 인간 이해의 과학적 깊이를 가진 사역자
- 영, 육, 혼의 전인 통합 회복을 지향

3. 통합 훈련의 영역과 과정

제1영역: 영성 기반 목회 훈련

- 성경과 신학의 영성미인적 해석 훈련
- 설교: "하나님의 형상으로 회복되는 얼굴"이라는 주제 중심 강해법
- 목회기도 훈련: 얼굴 안수, 축복기도 등

제2영역: 상담자 훈련
- 기초 심리학과 뇌과학: 정서, 자존감, 내면 상처에 대한 이해
- 얼굴 표정과 감정 파악 훈련: 얼굴 근육, 눈빛, 주름을 통한 감정 진단법
- 영성 심리 상담 기법: 말씀 묵상 상담, 감사 기반 상담, 성령 감별 상담

제3영역: 치유자 훈련
- 안수기도와 파동치유: 손의 진동과 에너지 전달 원리 실습
- 호흡과 뇌파 훈련: 감정 안정과 이완을 위한 호흡 기도 훈련
- 양자 에너지 이해: 치유 중 나타나는 성령의 흐름과 에너지장의 교정 이해

제4영역: 미용·항노화적 전문 훈련
- 얼굴 피부의 구조, 근육, 주름의 의미에 대한 기초 이해
- 항노화 식이, 수면, 습관에 대한 생활코칭 훈련
- '아름다움의 선포' 훈련: "나는 아름답다", "하나님의 빛이 내 얼굴에 머문다" 등 긍정 선언의 효과 이해

4. 결론: 회복과 아름다움의 도구가 되기 위하여

'영성미인 사역자'는 단지 기도만 하는 자도, 상담만 하는 자도, 미용만 아는 자도 아니다. 그들은 얼굴이라는 영혼의 거울을 통해 사람을 회복시키는 하나님의 도구이다. 이 시대는 설교보다 '빛나는

얼굴'을 더 갈망하고, 말보다 '회복의 손길'을 더 필요로 한다.

목회자, 상담자, 치유자의 길을 하나로 통합하는 훈련은 사람을 향한 하나님의 사랑을 입체적으로 구현하는 사역자의 길이다. 이러한 통합적 훈련을 통해, 진정으로 영성과 아름다움을 드러내는 '영성미인 사역자'들이 이 시대에 풍성히 일어나기를 기도한다.

영성과학 사역자 아카데미

1. 서론: 새로운 시대, 새로운 사역자를 위한 교육 플랫폼

현대는 과학과 신앙, 의료와 영성, 미용과 내면의 통합을 요구하는 시대이다. 성도들은 이제 단지 기도와 설교만이 아니라, 삶의 구체적 변화와 회복, 그리고 과학적으로 설명 가능한 영성적 체험을 갈망한다. 이러한 시대적 요청에 따라, 영성미인교회는 기존의 목회자 및 신앙인 양성 교육을 넘어, 뇌과학·양자물리학·심리학·의학·성경을 통합한 전문적인 교육기관인 '영성과학 사역자 아카데미'를 설립한다.

이 아카데미는 단순한 정보 전달이 아닌, '존재의 회복'과 '영혼의 아름다움'을 이끄는 통합형 사역자 양성을 목표로 하며, 과학과 영성, 이론과 실천을 겸비한 차세대 '영성미인 사역자'들을 배출한다.

2. 아카데미의 설립 목적
- 과학과 신앙, 의료와 성경, 상담과 안수를 연결할 수 있는 융합

형 사역자 양성
- 항노화 미용과 내면의 아름다움을 동시에 다룰 수 있는 전인적 리더 교육
- 교회 안에서뿐 아니라 사회·교육·의료 현장에서도 활동할 수 있는 사역자 발굴
- 존재 중심의 영성 회복과 과학적 기반의 치유 사역을 실천할 수 있는 전문성 확보

3. 교육 철학과 핵심 가치
- **통합(Integration)**: 영성, 과학, 미용, 상담, 예술을 하나로 연결
- **본질(Essence)**: 사람을 외형이 아닌 존재로 바라보는 시각
- **실천(Application)**: 배운 내용을 실제 사역과 삶 속에서 실행할 수 있도록 지도
- **빛과 회복(Healing & Light)**: 사역자의 얼굴, 손, 언어가 빛을 전달하는 통로가 되도록 훈련

4. 교육 대상
- 목회자 및 예비 사역자
- 상담 및 치유 사역에 부름을 느끼는 신앙인
- 의료인, 뷰티 전문가, 복지·교육 분야 리더
- '영성과학적 통합사역'에 관심 있는 일반 성도

5. 교수진 구성 및 운영 방식

- 전공별 교수진: 의사, 목사, 뇌과학자, 심리상담사
- 실습 중심 수업: 이론 강의 40%, 워크숍·소그룹·실습 60%
- 온라인/오프라인 병행 학습 가능
- 수료 후 영성미인 사역자 인증서 발급

6. 졸업 후 사역 방향

- 영성미인교회 국내외 지교 설립
- 교회 내 '영성과학 상담 및 치유실' 운영
- 피부성형의원, 미용실, 피부관리실, 미용장비업체, 미용재료 공급업체 등과 협업
- 유튜브 및 미디어 콘텐츠 제작자로 성장 가능

7. 결론: 빛나는 사역자를 세우는 학교

'영성과학 사역자 아카데미'는 지식을 가르치는 학교가 아니라, 존재의 빛을 깨우고 회복의 사명을 부여하는 사역자 양성소이다. 우리는 이 아카데미를 통해 설교보다 얼굴로 말하고, 의술보다 손의 기도로 치유하며, 학위보다 존재로 감화하는 새로운 시대의 사역자들을 세우고자 한다.

지금, '빛나는 얼굴과 거룩한 손'을 가진 사역자가 세상 가운데 일어나야 한다. 영성과 과학이 하나 되는 이 훈련의 길 위에서, 우리는 하나님의 형상을 닮아 가는 사람을 세워 갈 것이다.

▎감사의 글

　이 책 『영성미인교회』는 한 사람의 얼굴 너머에 존재하는 '영혼의 아름다움'을 찾고 회복하기 위한 여정에서 시작되었습니다. 오랜 시간 성형외과 의사로서 외모를 가꾸는 수 많은 사람들을 만났고, 동시에 목사로서 그들의 마음과 영혼 깊은 곳의 갈망을 보았습니다.
　그들은 단순히 눈을 더 크게, 주름을 더 적게 만들고 싶어하는 것이 아니었습니다. 그 이면에는 "그 누군가에게 사랑받고 싶은" 그리고 "자신의 존재 가치를 느끼고 싶은" 내면의 외침이 있었습니다.
　그 외침은 결국 하나님이 인간에게 심어 주신 본래의 아름다움, 곧 '영혼의 빛'에 대한 그리움이었습니다.

　나는 이 책이 대한민국 사회가 가진 외모지상주의의 그늘에서 사람들을 자유롭게 하기를 소망합니다.
　아름다움이란 단지 또렷한 윤곽, 하얀 피부, 날씬한 몸매가 아니라, 감사하는 마음, 사랑을 주고받는 영혼, 침묵과 성찰 속에서 다듬어진 인격에서 비롯된다는 진리를 전하고 싶었습니다.
　겉모습의 아름다움은 시간이 지나면 사라지지만,
　영혼에서 우러나오는 아름다운 외모는 세월을 이기고, 얼굴에 깊은 의미와 사랑이 깃들어 있습니다.
　이것이 바로 '영성미인'입니다.

이 책은 성형외과 의사 겸 목사인 저자의 지적 자산과 목회자의 감수성으로 질문하고 인공지능 언어모델(ChatGPT)의 도움으로 자료와 아이디어를 받아 정리하였으며 모든 내용은 저자의 의학적, 과학적, 목회적, 성경적 지식과 통찰 위에서 최종적으로 가공·확인되었습니다.

많은 사람들이 『영성미인교회』를 통해 외모를 넘어 내면의 빛을 회복하고,

하나님의 형상을 다시 얼굴에 되새기기를 간절히 기도하며,

지금도 자신의 얼굴을 통해 살아 계신 하나님의 영광을 발하는 이 시대의 영성미인들에게 이 책을 바칩니다.

그리고 삶의 거친 물결 속에서도 변함없이 남편 옆을 지켜 주는 나의 영성미인 아내와 두 딸과 가족들에게 부끄러운 마음으로 이 책을 바칩니다.

2025년 가을, 경기도 동탄 에르샤몽의원 원장실에서

정 일 봉 鄭一峰 (의사목사, 성형외과 전문의)

영성미인교회

ⓒ 정일봉, 2025

초판 1쇄 발행 2025년 10월 25일

지은이	정일봉
펴낸이	이기봉
편집	좋은땅 편집팀
펴낸곳	도서출판 좋은땅
주소	서울특별시 마포구 양화로12길 26 지월드빌딩 (서교동 395-7)
전화	02)374-8616~7
팩스	02)374-8614
이메일	gworldbook@naver.com
홈페이지	www.g-world.co.kr

ISBN 979-11-388-4823-7 (03230)

- 가격은 뒤표지에 있습니다.
- 이 책은 저작권법에 의하여 보호를 받는 저작물이므로 무단 전재와 복제를 금합니다.
- 파본은 구입하신 서점에서 교환해 드립니다.